歴史文化ライブラリー

167

よみがえる安土城

木戸雅寿

吉川弘文館

原則として、初版で掲載した口絵は割愛しております。

目次

安土炎上

1　安土炎上

「安土炎上」

天正十年（一五八二）六月十四日、「安土《あづち》炎上云々、自山下町類焼云々」。公家の吉田兼見《かねみ》は日記にそう記した。しかし、そこには誰が火をつけ、どこがどのように燃えたのかは記されていない。とにかく安土が炎上したことだけが京にも情報として届けられたのである。天正四年（一五七六）に織田信長《おだのぶなが》が天下布武《てんかふぶ》の象徴として築いた大城郭は、とにもかくにもここに終わりを遂げた。宣教師が「壮麗」で「豪華」と本国に報告した、当時の技術の粋と新たな発想をもって築かれた天下無双の安土城は築城から数えてわずか六年という短い命でこの世から消え去ったのである。

安土城が炎上するに至った理由、それは世にいう本能寺《ほんのうじ》の変《へん》が発端であった。武田軍を駆逐し、残る敵を毛利《もうり》と島津《しまづ》に絞った信長は、ちょうどそのころ明智光秀《あけちみつひで》に対して羽柴秀吉《はしばひでよし》を救援するため全軍をあげて西進を命じたところであった。また、自らも前線に出馬する予定であった。さらに、先ごろ武田攻め後の国割りを終え、徳川家康のもてなしによる富士見物を行ったばかりのところでもあり、安土城に凱旋したばかりでもあった。そして、甲府でのもてなしの返礼のために家康を安土城に迎えたあと本能寺の茶会へと招いた。まさにその真っ最中の出来事だったのである。

その絶頂期に、信長は明智光秀の謀反により命を落とした。「是非に及ばず」と、信長はある程度このことを予測していたのかもしれない。そして、彼の信条どおり「人間五十年下天《げてん》のうちにくらぶれば夢幻《ゆめまぼろし》のごとくなり、ひとたび生を受けたれば、この世に滅せざるべきのものはなし」とその短い生涯を終えた。

国中が動転し、主を失った安土城の命運はその後どうなったのか。いつ、誰が、何のために焼いたのか。そのときの様子はどうだったのか。これらのことを詳しく伝える記録はない。そして、それ以降、安土城の姿は信長や秀吉たちと同時代を生きた人々の記憶の中にしか存在しなくなってしまったのである。誰も二度と見ることのできなくなった安土城の真の姿は、はたしてどのようなものであったのか。世にまことしやかに語られる安土城

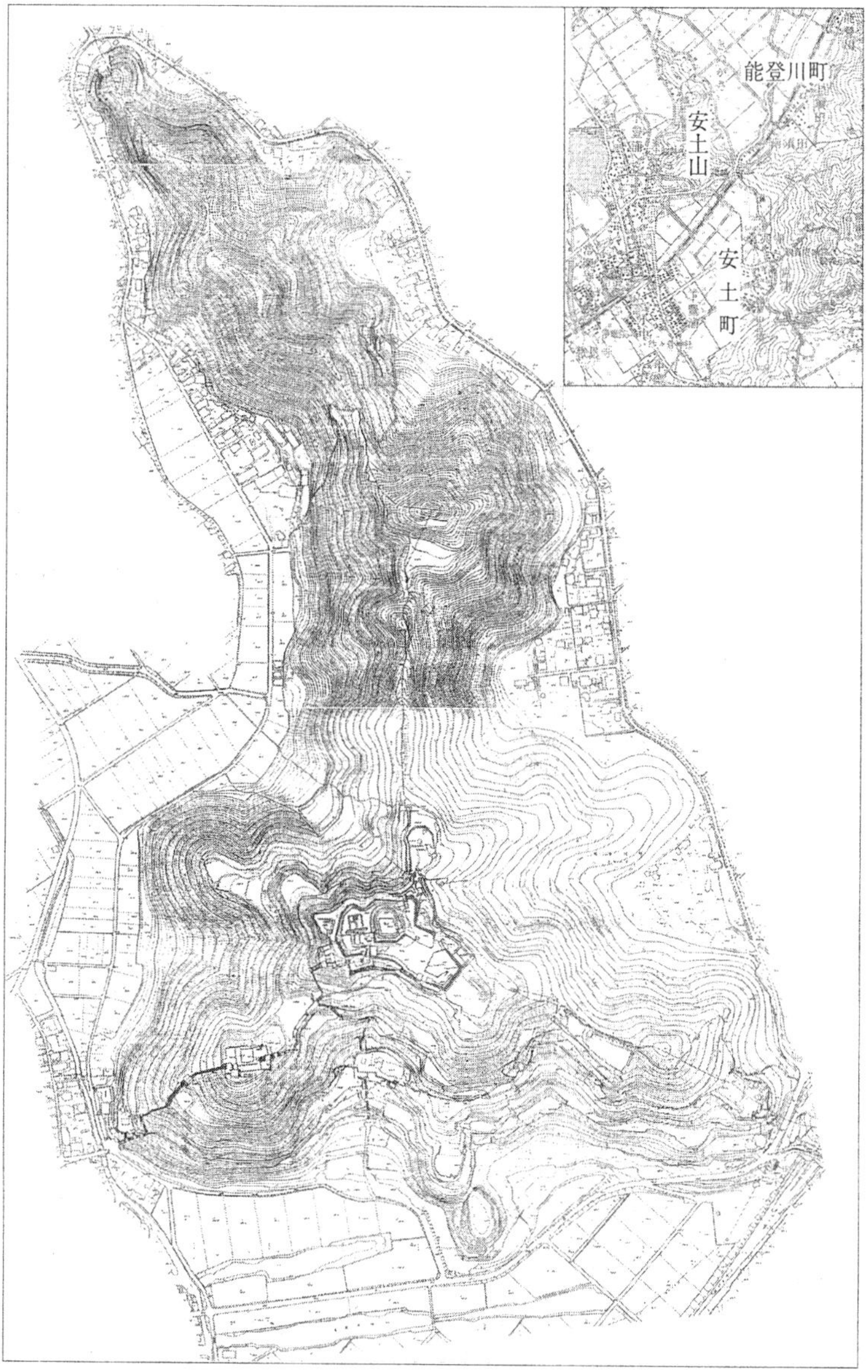

図１　安土城跡地形図

の姿は正しいのか。

これから本書で、すすめていく安土城の話は、これまで語られてきた安土城や信長の姿とは少し違うかもしれない。しかし、これが平成の大調査となった特別史跡安土城の一三年間の調査と近年の城郭研究成果によるもっとも新しい姿である。そして最新の安土城の姿と位置づけられていくものである。おそらく明らかになってきたその姿は誰も知ることのできなかった新たな安土城の姿であり、新しい信長像になることであろう。はたして信長が築こうとした世界はどのようなものであったのだろうか、そして、信長の夢は。

忘れ去られる安土城

炎上後の歴史

安土《あづち》城炎上を語る小説やドラマは数多く存在する。しかし、そのどれも想像の域をでておらず、安土城炎上の実際を語っていないような気がする。誰が、どのようなかたちで安土城に火を放ち、どこがどのように燃え落ちたのか。そして、その後、安土城はどのような道をたどっていったのか。後の人々が「幻の城安土城」として安土城を語り始めるころ、本書ではそこから話をすすめてみたい。

犯人は誰か

本能寺《ほんのうじ》の変《へん》の翌日、天正十年（一五八二）六月三日。その日の安土城の様子を『信長公記《しんちょうこうき》』はこのように伝えている。

とても安土打捨てのかせられ候間、御天主にこれある金銀・太刀・刀を取り、火を懸け、罷退《まかりのき》候へと仰せられ候処《ところ》、蒲生《がもう》右兵衛《うひょうえ》太輔《たいふ》希代《きたい》無欲の存分あり。信長公、年来御心を尽《つくさせ》られ、金銀を鏤《ちりば》め、天下無双の御屋形《おやかた》作り、蒲生覚悟として焼払ひ、空《むな》シク赤土トナスべき事冥加《みょうが》なき次第なり。其上、金銀、御名物乱取り致すべき事、都《と》鄙《ひ》の嘲哢《ちょうろう》如何なり。

当時、二の丸留守居《るすい》衆として在城していた蒲生賢秀《かたひで》は、信長が心を尽くして作った天下無双の城だから家臣の自分が焼き払い金銀財宝を取り散らかしては都の笑い者になる、だからそういうことはできないと、自らの城へ退去してしまった。本来であれば留守居衆の役目として、攻めくる敵に居城を接収され利用されないように城を焼き払って退去するか、そこで籠城《ろうじょう》し家臣共々信長の弔《とむら》い合戦をするのが常套手段であるはずなのに。しかし、家臣たちはこの城は焼くに忍びないとそのまま退去したのである。つまり、これが在城衆が安土城に手をかけなかったことを証明している記録である。それでは、いったい誰が安土城を焼いたのであろうか。その答えは『兼見卿記《かねみきょうき》』をはじめとする資料からうかがい知ることができる。それに従って、刻々と進められる明智《あけち》軍の行動とともに当時の時間の流れを追ってみよう。

六月五日、「日向守《ひゅうがのかみ》安土へ入城云々」。光秀《みつひで》は安土城に入城した。このことは『フロイス日本史』（第五八章）にも記されているので間違いないであろう。それによると「明智は安土に到着したが彼に抵抗を試み得る者はすべて逃亡してしまうか、またはおらなかったので、彼は抵抗されなかった。そのため、彼はただちに信長の居城と館を占拠し最高所に登り、信長が財宝を入れていた蔵と大広間を開放すると、大いに気前よく仕事に着手し、まず彼の兵士たちに、ほとんど労することなく入手した金銀を分配した」とある。それを受けて、七日には安土に、吉田兼見《かねみ》が誠仁親王《さねひとしんのう》によって遣わされている。

　八日、光秀は摂津《せっつ》攻略のために「城と市をまったく焼くことなく、若干の守備兵を率いた指揮官を残し」て出撃した。城は甥《おい》の秀光にまかせ、安土を退去するのである。そして十三日に山崎《やまさき》の合戦が始まる。翌十四日に早くも光秀は合戦に敗れ勝竜《しょうりゅう》寺《じ》城《じょう》から退散する。そして、十五日に光秀は一揆《いっき》に討ち取られるのである。ここに明智光秀天下は三日にして終わる。甥の秀光自身も迫り来る敵に恐れをなし、十四日に安土城を退散し坂本《さかもと》城に入城した。そこで天主に放火して切腹するのである。

　こうした事実から明智光秀は間違いなく蒲生が無血開城した安土城を接収していることがわかる。さらに光秀は羽柴秀吉《はしばひでよし》との合戦のため、秀光にこの城を託したこともわかる。つまり、安土炎上の日に彼は敗走して逃げまどっているので、光秀が犯人であることは不可能なのである。

残る犯人候補は甥の秀光である。しかし、彼も安土城放火の犯人ではない。そのことについては『イエズス会日本年報』に詳しい。「安土山においては、津の国において起こった敗亡が聞えて、明智が同所に置いた守将は勇気を失い、急遽坂本に退いたが、あまり急いだため、安土には火を掛けなかった」と。

では誰が犯人か。ここにもうひとり重要な容疑者がいる。秀光が逃げ出したのと入れ替わりに安土に到着した人物がいるからである。『イエズス会日本年報』には先の記事に引き続き、以下のように書かれている。「併《しか》し主《しゅ》は信長の栄華の記念を残さざるため、敵の見逃した広大なる建築のそのまま遺ることを許し給わず、附近にいた信長の一子がいかなる理由によるか明らかでなく、智力の足らざるためであろうか、城の最高の重要な室に火をつけさせ、ついで市にもまた火をつけることを命じた」。信長の三男織田信雄《のぶかつ》。彼こそが火を放った真の犯人だったのである。

炎上の様子

このように、安土城炎上については歴史的事実として、文献で立証することができる。しかし、炎上の実際については大炎上という言葉だけが一人歩きしていたように、詳細についてはこれまでよくわかっていなかった。そのためここでは、安土城炎上の現場検証を行ってみることにしよう。炎上の実際は、実際の物でしか立証することはできないので、発掘調査の記録からたどるしかない。

安土城の炎上の姿がはじめて明らかになったのは、昭和十五（一九四〇）・十六年に実施された天主・本丸跡の発掘調査である。そのときの報告によると、跡地は焼土と瓦礫《がれき》で充満していたとある。発見された火災の様子はすさまじいものであった。焼けただれた瓦、溶けて融合した土器など。瓦や土器が再び焼けて溶解する温度は三〇〇〇度を超えるといわれている。木造建築である天主の火災は、さながら巨大な薪《まき》のようだったことであろう。この様子は、さらに平成六年（一九九四）から平成十二年まで続けられた主郭部《しゆかくぶ》での発掘調査でも証明されている。特に平成十年に実施された本丸西門内桝形《ますがた》（伝《でん》二の丸前溜《まえだ》まり）の発掘調査では、焼けた石垣とともに礎石の上に立つ焼けた柱や床や根太《ねだ》、焼け落ちた壁、蒸焼きの屋根瓦などが発見され話題を読んだ。焼け落ちたままの場所が発見されたのはこのときの発掘調査がはじめてだったからである。そして発掘調査は、火災のすさまじさとは別に新たな事実も明らかにした。問題は炎上したその範囲である。

安土城大炎上の風説とは裏腹に天正十年の火災で炎上した範囲は、実は天主・本丸を中心とした信長の居城部だけだったのである。なぜなら、平成元年度から続けられていた麓から中腹に連なる屋敷部ではまったく火災の痕跡は認められなかったからである。炎上したのは九〇ヘクタルを超える安土城の全体の敷地のうち、わずか四％ほどの範囲だった。

さらに、明らかになったこの事実は、炎上後の安土城の歴史を左右することにもなるのである。

秀吉と安土城

炎上後の六月十六日、早くも安土城に織田信孝《のぶたか》が入城している（『兼見卿記』）。これは信長の後継者としての地位を自ら位置づけようとする行動と考えられる。しかし、六月二十七日、主君信長の仇討ちを果たした秀吉により岐阜で清洲《きよす》会議が招集されたことによって、その政治的位置づけは一変した。そこで、長男信忠《のぶただ》の嫡男三法師《ちゃくなんさんぼうし》（秀信《ひでのぶ》）こそが正式に後継者として任命されるべき人と決められたからである。その結果、信孝は安土でなく信忠の居城岐阜に固執《こしつ》し帰城したのである。信長の跡継ぎである以上、秀信は安土に行くべきだと考えていた秀吉は、八月十一日に秀信が岐阜を離れて安土に行かないのは、焼失した安土の普請《ふしん》がいまだできていないからだとし、自らの居城（山崎城）の普請をやめて協力するので、丹羽長秀《にわながひで》にも自分の城（坂本城か佐和山《さわやま》城）の普請をやめて安土城普請に取りかかるよう催促した（『専光寺文書』「大日本資料」）。

さらに、このことは十月六日付の柴田勝家《しばたかついえ》から堀秀政《ほりひでまさ》に宛てた手紙にも記されている。

そこには、丹羽長秀が催促したにもかかわらず清洲会議の約束を秀信後見人である信孝が履行《りこう》しないのはおかしい、秀信を安土に移すように岐阜にも長秀にも書状をした、とある。

しかし、実は秀吉や長秀は城普請の中止をしていない。つまり文献上も考古学上も安土城の普請が行われた形跡がないのである。したがって、この時点での秀信の移動はなかったとするほかはない。特に安土城の普請については、消失した場所が天主・本丸だけであった以上、普請しなければならないのはやはり天主・本丸であったであろうから、彼らにとって秀信の移動は考えられなかったのであろう。このことは発掘調査の結果からも焼け落ちた後の再普請は確認されていないので合致する。また、中腹から麓までの屋敷群はこの時点で焼失しておらずすべて現存しているので普請は不要である。一部の研究者には城中のさまざまな場所で認められる築城時の過程や設計変更の姿を理由に、秀吉による再普請の根拠とするむきもあるが、しかし、これは考古学的にみて構築の時期が逆転するので全く誤った解釈といえるであろう。つまり、安土城の再建は無かったのである。

さて、業を煮やした秀吉は十二月七日の長浜《ながはま》城攻めに端を発し、二十日には岐阜城に信孝を囲み責め立てた。結局、信孝は秀信を秀吉に差し出すことで和議を成立させた。そして、翌天正十一年（一五八三）閏《うるう》一月四日、秀信は信雄《のぶかつ》を後見人として安土城に入城する。

天主・本丸は焼失しているので、このときの信孝の住まいは、おそらく焼け残った麓のどこかの屋敷に入ったと理解するのが妥当であろう。そして、一月には信雄によって「近江《おうみ》安土山下町《あづちさんげちょう》掟書《おきてがき》」（「近江八幡町共有文書」）が制定されるのである。このことからも、城と町はこの時点でも十分機能していたことがわかる。安土にとどまっていた秀吉も一月十五日にこれらのすべてを見届けて安土を発った（『兼見卿記』）。

当初、安土城の普請問題で行動しなかった秀信の移動は、武力的政治解決で一気にけりがついた。もともと、安土城の普請問題は信孝が秀信の移動に対して後見人としての地位を示すためふっかけた理由であり、移動する気などはじめからさらさら無かったのであろう。そして、この状況は豊臣秀次《とよとみひでつぐ》が秀吉の後継者として指名され、その居城を安土の隣町である近江八幡山城に定め安土を城下町ごと移転する天正十三年まで続くのである。したがって、安土城の廃城は、天主・本丸が焼失した天正十年ではなく、天正十三年とすべきであろう。

信長の菩提としての安土城

織田秀信が再び岐阜に戻り近江八幡山城が築かれ、安土城下町が移転した天正十三年以降、城は主を失った。それより前、信長一周忌の法要を京都の大徳寺《だいとくじ》で終えた秀吉は、伝二の丸跡に信長の墓を建立した。安土城に信長が建立した摠見寺《そうけんじ》に対し信長の墓と聖地安土城跡を守り続けることを定めた。そして、その住職は代々織田家の者がつとめることとした。このことは摠見寺に出された朱《しゅ》印状《いんじょう》や寺伝でわかっている。

さらに、この意志は徳川幕府十五代の間も守り続けられたのである。将軍交代にあたって発給された各代の朱印状が摠見寺に残されていることからわかる。徳川幕府は織田家を高家《こうけ》として扱い、彼らは寺を支えたのである。そして、信長の年忌や墓の修理にあたって幕府への理解を得るために尽力した。摠見寺の記録には百回忌、百五十回忌、二百回忌、二百五十回忌と五〇年おきの回忌の様子が記録として残されている。残された柏原《かいばら》藩（兵庫県）、大和《やまと》郡山《こおりやま》藩（奈良県）、天童《てんどう》藩（山形県）などの織田家一族は、五〇年ごとに安土城に会して法要を営んでいたのである。そして、そのたびに参詣道や墓や石垣の修理を行っていた。これがもっとも早い安土城の整備工事である。

残念ながら信長が建立した摠見寺は、幕末の安政に落雷により焼失した。しかし、摠見寺は今も仮本堂で秀吉が申しつけたとおりに信長の菩提《ぼだい》であり聖地である安土城を守り続けているのである。

現代に生きる安土城

遺跡としての安土城

明治政府以降は、織田家と摠見寺《そうけんじ》の関係から三百回忌（明治十五年〔一八八二〕）は行われなかった。そんななか滋賀県では、築城三百五十周年にあたる大正十五年（一九二六）を前に安土城跡の整備をするため、大正七年（一九一八）に地元安土村に「安土保勝会《あづちほしょうかい》」という受皿をつくり摠見寺と安土城の復興をめざしていた。その結果、まず大正十五年十月二十日に安土城は国指定史蹟として指定を受けた。そして、折しも信長の三百五十回忌を昭和七年（一九三二）に控えて、荒廃していた安土城跡を整備するため昭和三・四年と二ヵ年をかけて史蹟標柱・制札・案内板・境界標石埋設が行われたのである。

さらに、昭和八年（一九三三）には『安土保勝会』が中心となり、三百五十回忌が妙心寺派の僧を全国から集めて行われている。この年は徳富蘇峰《とくとみそほう》が講演するなど、一大行事として法要が実施された。昭和十五・十六年に天主再建を前提とした天主・本丸跡の発掘調査が実施され、昭和二十七年に城は特別史蹟に昇格した。そして、昭和三十年からは本丸を中心に昭和の修理が始められた。しかし、このときは発掘調査は行われず、新たな発見はもう少し待たなければならなかった。

このように、長い年月は安土城の姿を過去の栄華とはほど遠いくらいに変貌させた。城そのものが全国的な日本的回帰の象徴として、しだいに国民のなかに受け入れられていくなかで、安土城も当時の華麗な姿よりはむしろ古城としてのイメージをわれわれに強く植え付けるようになっていった。しかし、一方で安土城への憧れは、強い探究心となって研究者のなかに位置づけられていったことも事実であった。

安土城研究のはじまり

安土城研究のはじまりは意外に早い。それは江戸時代である。特に家臣であった太田牛一《おおたぎゅういち》が、当時の覚えをもとに信長の偉業をまとめた『信長記《しんちょうき》』や、これをもとに公刊本にした『信長公記』は一級の資料である。しかし、これらもあくまで信長の伝記である。史実を忠実にすべて書き記そうとした歴史書ではなかった。このなかで、すでに信長や安土城については伝説化がはじまっているといわれている。

真の安土城の姿は、江戸時代の人々のなかでも忘れ去られつつあったのである。安政五年（一八五八）に、郷土史家奥村得義《おくむらとくよし》によってだされた名古屋城研究の『金城温古録《きんじょうおんころく》』に発表されている最古の安土城の天主復元図をみても、名古屋城を模した外観図であり実証的なものとはいえない。すでに安土城は過去のものになっていたことがわかる。また、江戸時代にあっての城郭研究も江戸幕府や各藩ごとに行われていた軍学研究として発達してきており、そのなかにもわれわれが欲している史実としての情報はないというほかない。

古城図の謎

さて、そうしたなかの資料の一つとして一枚の絵図がある。『近江国蒲生《おうみのくにがもう》郡安土古城図』（摠見寺蔵、滋賀県教育委員会保管）とよばれ、信長の菩提摠見寺に伝来するものである。

絵図に書き込まれている賛によると、貞享《じょうきょう》四年（一六八七）に製作されたもので、織田信長の生誕から死までの偉業と戒名がそこに記されていることがわかる。また、裏書きからは、当時の膳所《ぜぜ》藩主本多隠岐《ほんだおき》守康慶《のかみやすよし》が奉納したものであることが知られる。なお、絵図はこの摠見寺のもの以外にも、紅葉山《もみじやま》文庫や他の織田家にも同じような写しが残されていることが近年の研究で明らかになっている。

絵図には天主を中心に信長の居城部の縄張りが描かれており、二の丸に朱書きで「御《ご》廟《びょう》」の書き込みがある。また、麓から廟所への道筋が赤線で記されていることが特徴となっており、絵図の目的は信長の廟の位置を示し、その道筋を明記する地図であると考えられる。したがって、賛に信長の生涯が詳しく記されているのは当然のことと考えられる。いわばこの絵図は、信長の百回忌に合わせて作成された信長の墓参地図とでもいえるものである。この例のように、絵図はその時々に応じてはっきりとした目的があって描かれる。したがって、この絵図も当時の安土城の姿を後世に正しく伝えるためのものではなかったということがいえるであろう。当時の人々にもすでに安土城のことはわからなくなっていたのである。現地で確認できたことと、当時あった伝承だけを集めて作成されたものだと考えられるのである。

ところが、この絵図は安土城に残された唯一の城絵図ともいえるものであったところから、ここに描かれた内容が記録をもとに作成されたものとして誤解されてしまい、詳しい考証をすることなしに多くの研究者が安土城の研究に活用してしまっていた。そして、そこに研究の混乱を起こしていたのである。何が正しく何が誤りであったのか。それは発掘

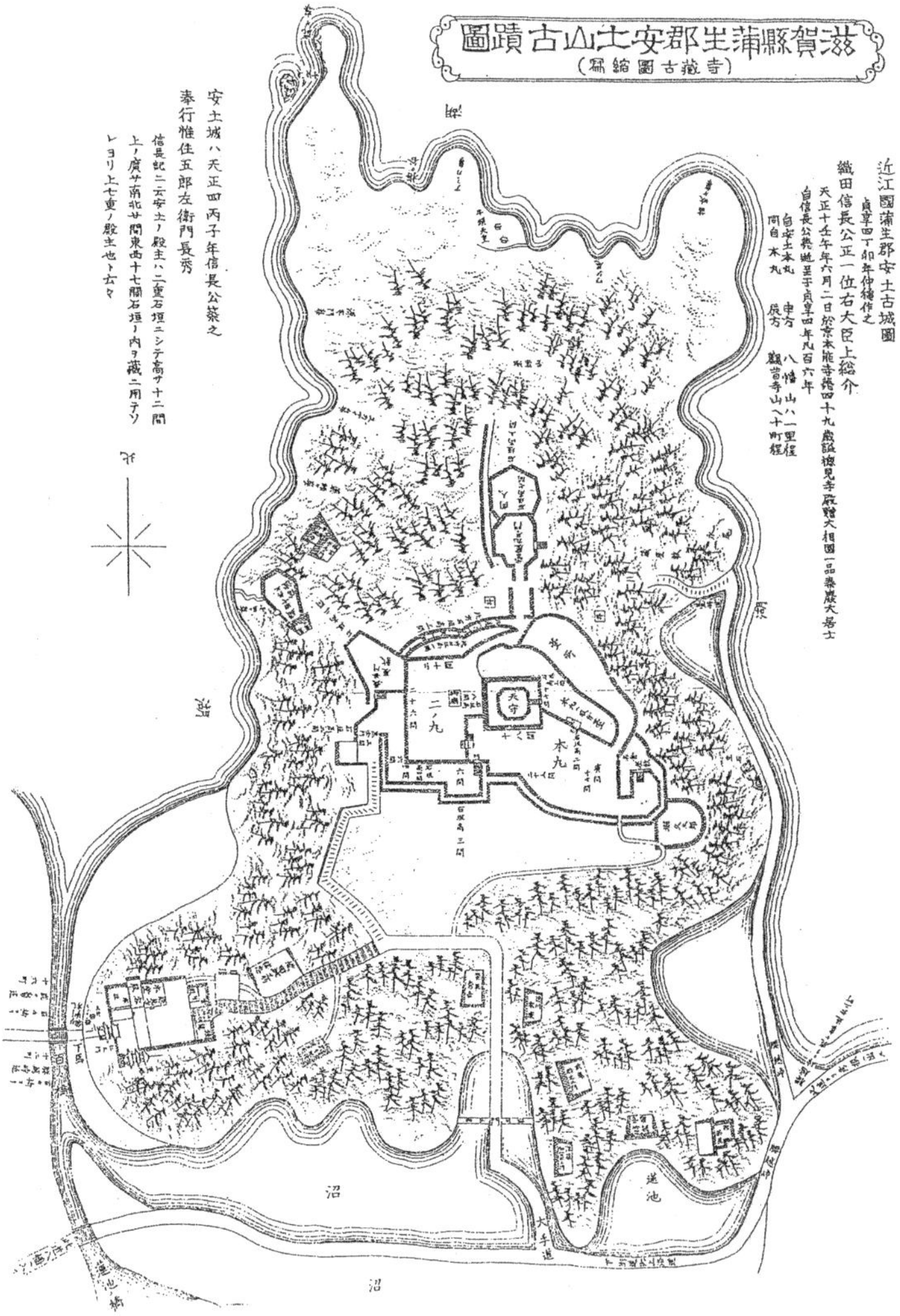

図２　滋賀県蒲生郡安土山古蹟図（『近江国蒲生郡安土古城図』の写）

調査での事実との比較検討の結果明らかになっていく。これからその全体像を明らかにしていきたい。

混乱する伝承

みなさんは、安土城だけは天守を「天主」と書くことをご存じであろうか。『信長公記《しんちょうこうき》』をはじめとして当時作られた記録には、すべて安土城の天守に「天主」と言う文字が使われている。実はもともとわれわれが「天守」と呼んでいる建物は「天主」だったのである。ではなぜ、この文字が使われるようになったのか。それについては天主という建物構造と概念の成立とともに様々な説がだされており、いまだ結論が出ていない。少なくとも「天主」という文字が「天守」という文字に変化したのは秀吉時代以降であることだけが研究で明確になっている。

それでは、この絵図の「天主」の部分にはどのような書き込みがなされているであろうか。実は「天主」があった場所には「天守」と書かれているのである。やはり、この絵図には江戸時代の意識で描かれたものであることがわかる。このように見ていくとこの絵図には納得のいかない点が多々出てくる。これ以外にもこの絵図にはかなりの文字の書き込みがある。それを整理し当時にもっとも近い文献資料等と比較してみるとよく理解できるであろう。

この絵図を境に現代の名称の使い方と当時の名称との間に隔絶があることが理解できる。『信長公記』や『フロイス日本史』に出てくる名称と一致するものはここには全くないのである。特に三の丸などの名称は新しい時代の創作だったことがわかる。また、ここに出てくる家臣団の名前についても疑問が多いことが松下浩氏の研究によって報告されている。ここではその例をひとつだけあげておこう。

徳川家康は、本能寺の変の直前の天正十年（一五八二）五月十九・二十日との両日、信長の接待を受けて安土山に客将として迎えられているが、そのときの宿所が大宝坊《たいほうぼう》や高雲寺御殿《こううんじごてん》であったことは『信長公記』などに明記されている。したがって、客将として迎えられ宿所のある武将の屋敷が安土山内に存在することは考えられないのである。しかし、絵図には「羽柴秀吉《はしばひでよし》」と書かれた屋敷の向かい側にはっきりと「家康公」の文字が見える。これはおそらく、屋敷がなかった事実を知らなかったのか、知っていながらこの絵図を幕府に提出するにあたって、家康の屋敷がないとまずいと恣意的に製作したと考えられる。「公」の文字を見ればそれがよく理解できるであろう。同様に、羽柴秀吉や前田利家《としいえ》の屋敷が安土山中にあったという記録はまったく見つけ出すことができない。したがって、これらの絵図の書き込みは、誰かがかってに適当に当てはめたといわざるをえないのである。

しかし、頭からこれらを否定するわけではない。何が正しく何が間違っているか検証することこそが学問研究の出発点であると考えるからである。

このように、安土城の研究の基礎はこのような文字のひとつひとつを検証するところからはじめることが真実に近づくことの第一歩であるということが理解してもらえたことであろう。ここでは、これらのことをふまえて、なるべく以下のルールで名称を表記していきたい。史実がどうか明確でない名称については「伝《でん》〇〇跡」、一致するものについては「〇〇跡」とする。歴史的な言葉の持つ意味はとても大切な意義があるからである。

安土山と安土城

さて、ここまで話をすすめていながら、正しておかなければならないことがある。それは「安土城《あづち》」という言葉である。われわれがなにげなく使用しているこの「〇〇城」という言葉にも実は歴史性があったのである。『信長公記』や『フロイス日本史』、公家《くげ》の日記などの同時代性の高い文献をひもといていくと、「安土城」という言葉はどこにもないことに気がつく。「安土城」という言葉は、当時の文献のどこにも用いられない言葉なのである。

『信長公記』には次のような一貫した表記として安土城が記載されている。たとえば、信長が安土に帰ってくる場合は、「安土に至って御帰着」と記載されている。これは都市としての「安土」という名前を示していると思われる。また、安土城の記載はすべて「安土御山にて……」のように、「安《あ》土《づち》山《やま》」として表記されていることもわかる。当時、巨大な城郭の多くは山にあった。麓《ふもと》には領主の館《やかた》があり、この二つを明確に区別していた。つまり、当時の人々の意識として城は山の中にあるもので、「城＝山」だったのである。われわれが呼び慣わしている「〇〇城」という呼び方は、実は近世的な用語の使い方だった。当時の人は決してそのようには呼んでいなかった。

　このことは「安土城下町」という言葉にも当てはまる。冒頭に引用した『兼見卿記』の安土炎上の項を思い起こしていただきたい。「安土炎上云々、自山下町類焼云々」であったはずである。燃えたのは都市「安土」と「山《さん》下《げ》町《ちょう》」であった。つまり「安《あ》土《づち》山《やま》」の下にある町が「山下町」なのである。このことが正しいことを示した資料として、信長や信雄が町に出した掟書《おきてがき》がある。そこにもきっちりと「近江安土山下町掟書」と書かれている。つまり、当時の人々は「安土城下町」とは呼ばず「安土山下町」と呼んでいたのである。このように、「〇〇城下町」という用語の使い方も、実は近世から使われていた用語の遡った使い方だったのである。だから、信長を愛してやまない方々はこれからは歴史的な呼称である「安土山」、「安土山下町」と呼ぶことをおすすめしたい。

簡単に見過ごすような言葉のなかにも、信長や当時の人々が明確に（山城＋山下町）＝都市安土という、イメージをはっきりと持っていたことが理解できる。このことは信長の世界を考えるうえでとても大切な第一歩である。

発掘調査が語る安土城の姿

城内道の調査

文字で書かれた歴史や絵で残された歴史以外にも、その実際を実証する一つの方法として考古学による発掘調査がある。発掘調査は当時の姿のまま地中に埋もれている遺跡を目の当たりにすることができるものである。まさに発掘調査はタイムマシンそのものなのである。これから文字では知ることのできない生の姿について、みていきたい。

平成の発掘調査

安土山《あづちやま》は琵琶湖《びわこ》に突き出たひょうたん形をした独立丘陵である。現在はその周囲のほとんどが大中《だいなか》の湖《こ》の干拓により埋め立てられていて、当時のおもかげはまったくない。山はもともとは湖にぽっかりと浮かぶ船のような形をしていた。信長はその自然の要害を利用し、天正四年（一五七六）に天下布武《てんかふぶ》の拠点とする

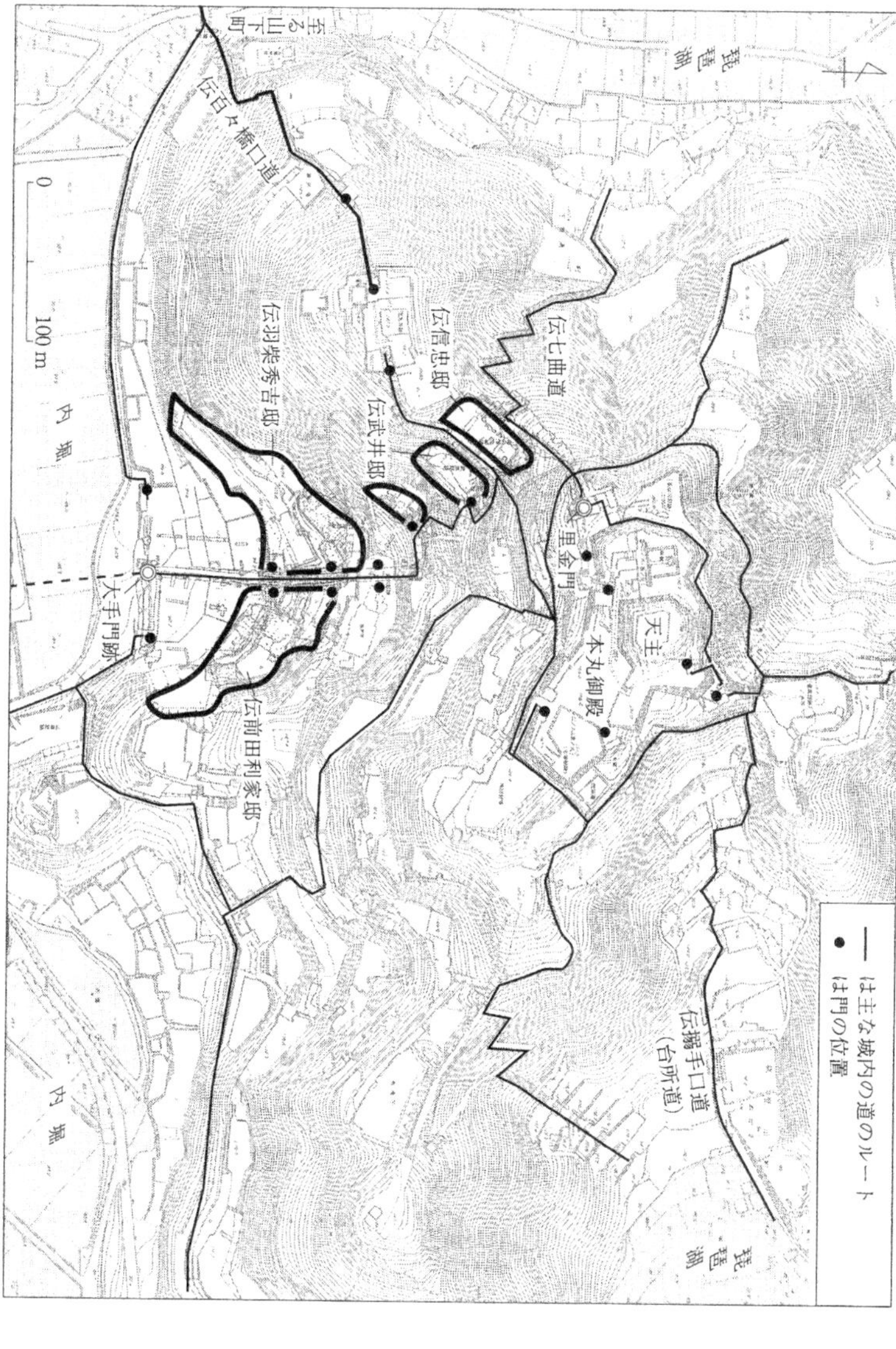
琵琶湖
至る山下町
伝百々橋口道
伝七曲道
伝信忠邸
伝羽柴秀吉邸
伝武井邸
0
100 m
内堀
里金門
天主
本丸御殿
大手門跡
伝前田利家邸
伝搦手口道
（台所道）
内堀
琵琶湖
━ は主な城内の道のルート
● は門の位置

図3　主郭部と城内道

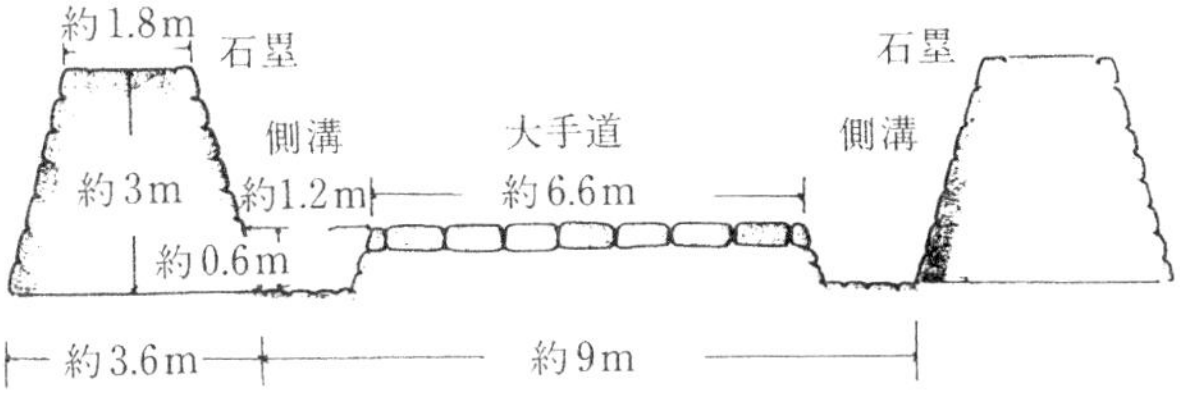

図4　大手道の標準横断図

大城郭《だいじょうかく》の築城をはじめた。この城は当時の枠を集めて、信長の威信を懸けて築かれたものである。しかし、その全容についてはいまだ誰も知ることがない。山頂部に信長の居城があることはこれまでにもわかっていた。しかし、九〇《ヘクタル》にも及ぶ山全体の構造については、その広大さゆえに誰一人として明らかにできた者はいないのである。

　真の安土山の姿を明らかにするためには、信頼できる資料が必要である。こうしたことを念頭に置いて、滋賀県では平成元年（一九八九）から文化庁と土地所有者である摠見寺《そうけんじ》の協力のもとに発掘調査を開始した。発掘調査が実施されたからといってすべての答えが出るわけではない。また、発掘調査じたいも一度きりの破壊行為であることを考えると慎重に行われなければならない作業である。しかし、これまでの一三年間の確認調査では従来の通説を覆すに十分な資料が得られている。これから述べることはその成果の集大成である。信長はいったいここで何を考え、どのような城をつくろうとしたのであろうか。謎は解明されつつ、また深まっていく。

城内の道と屋敷

安土山は天主を中心とする山頂の主郭部《しゅかくぶ》とそれを取り巻くように存在する麓《ふもと》の屋敷群や城郭施設で構成されている。さらにそれらを連結させ、山内を無数の道で繋げ、網目のように構成している。このうち主要な道は大きく見て二つある。ひとつは山頂から放射状に麓までのびているもので、山の地形にあわせた谷底道と尾根道とを交互に配した道である。また、ひとつは放射状にのびる道どうしを繋ぐためのもので、一定な等高線上に横道としてつくられており、山をめぐる周回路となっている。麓の屋敷地は、これらの道と繋がるように虎口《こぐち》（入り口）を設けており、郭《くるわ》はさながら葡萄《ぶどう》の房のように配置されている。

これらの道と施設がおのおのに絡み合い複雑なルートをつくりながら城全体がネット状態をつくり出しているのである。この構造が安土城の縄張りの最大の特徴であると考えられる。道、屋敷地、諸施設の位置関係が、城の機能と意義を考えるにあたって重要な要素となっているので、これまでの発掘調査で明らかになった主要道路と主な屋敷跡、その他主要な遺構の状況とその結果について考えてみたい。

伝大手口道跡の発掘

伝大手口道跡《でんおおてぐらみちあと》、通称大手道は、安土山の南面谷筋に築かれた山道である。この道はむかしから天主へ向かう道筋として見学者に利用されてきた山道である。発掘調査が実施されるまでは、幅約三メートル《メートル》の細い階段道が、麓から山頂に向かい山の斜面をくねりながら登っていく山道であった。安土城を紹介する本などには、近年までよくこの道を信長が登った安土城を偲《しの》ぶ道として紹介されるほど古城の雰囲気をよく残した道であった。

しかし、残念ながら、平成元年度から続けられた発掘調査の結果はこれを否定している。実は、これらの道は昭和五、六年当時に二ヵ年かけて整備されたもので、国有林伐採・運搬により破壊された大手口道・百々橋《どどばし》口道を改修した道であった。調査で現況の石段を取り除くと、その下から築城当時の階段が発見されたのである。築城当時の道は、実は既存道路の真下に存在していた。

残念なことに、当時よかれと思い整備された階段の工事は、オリジナルの道の中央部のほとんどすべてを破壊してしまうという結果に終わっていた。しかし、幸いに既存道の幅が三メートル《メートル》と狭かったために、その両脇に破壊から免れた部分があることもわかったので、その部分の発掘調査により当時の伝大手口道跡の全貌を知ることができた。調査で築城当時

図５　発掘調査前の大手道（滋賀県安土城郭調査研究所『安土城　1989～1998』より）
中央の石段が昭和につくられたもの。この下と木が植わっている両脇の下から本来の大手道は発見された。

の道幅が、路肩幅で約六《メートル》近くあったことが明らかになっている。また、その両側には側溝が敷設されていた。この側溝は石敷きで作られており、下方に向かっていくつかの段差がつけられており滝の音がするようになっていたのである。幅は約一《メートル》、深さ約六〇《センチメートル》の滝であった。これらはすべて当時の姿のままで発見されている。

大手道の整備

現在、これらの道は破壊され消失した跡をもとの石段部分の形に合わせ石を補い復元されている。全体の二割程度ではあるが、築城当時の階段もそのまま使用されているので信長が踏みしめたかもしれない石段をわれわれも同じように歩くことができる。特に残りのよいのは、両路肩部である。安土山への思い入れの深い方は、溝に落ちないように端を歩かれることをおすすめしたい。

実際ここを登ってみると、現代人にはとても登りにくい道になっていることがわかる。普段、われわれは人間工学で計算された歩きやすい道や階段を利用している。歩きやすい理由は、一定の歩幅や蹴上《けあ》がりで階段が作られており、曲がり角には平坦な踊り場が設けられているからである。しかし、安土山の場合は、段ごとの位置、方向、高さがまちまちになっており、一段あたりの歩幅がわれわれの一歩以上あり、右足で踏み出すとずっと右足だけで登らなくてはならないようになっている。一説には、この幅は馬足《うまあし》ともいわれて

図6　整備を終えた大手道直線部（滋賀県安土城郭調査研究所『安土城　1989〜1998』より）

いるが詳しいことはわかっていない。

また、階段のコーナー部には踊り場がなく、道はバンクしながら登っていくなど、とても登りにくい。復元した当時、もっと登りやすい道を作ってほしかったとよく見学者に現地でおしかりを受けたことがあった。しかし、この登りにくい道こそが、実は信長が築城した当時の道だった。安土城を訪れてこの道が険しく登りにくいと感じた方は、ぜひその不満を信長自身に伝えていただきたいところであるが、おそらく信長はしてやったりと思っていることであろう。登るに苦なる道こそが城道にはぴったりだからである。

真っ直ぐな大手道

大手道の最大の問題点は、記録のどこにも認められない道であるということと、発見された規模やルートそのものにある。本来であれば、大手道は城の登城道《とじょうみち》として中心的役割を果たすものである。したがって、近世には城下町から大手門に通じ天守に向かうメインロードだけをそう呼んでいるのである。しかしながら、安土城の伝大手口道跡と呼ばれる道は詳しい記録が認められない（安土山で記録に認められる道は百々橋口道だけである）。これには大きな意味がある。謎の大手道の結論は先送りにして、その前にまず、ここでは発掘調査で明らかになった道のルートについて考えておきたい。

道は麓の城の外郭ラインを示す高石垣《たかいしがき》の位置から真っ直ぐに、北に約一三〇〓《メートル》直線で登っていくことがわかっている。本来であれば、敵の侵入を防ぐために城内の道は幾重《いくえ》にも屈曲させるのが常套《じょうとう》手段である。しかし、安土山では幅六〓《メートル》で直線一三〇〓《メートル》もの直線であることが話題を呼んだ。その威風堂々とした玄関構えこそが信長の威厳を表しているのではないかという評価であった。また、天正四年（一五七六）段階では近隣に敵らしい敵が存在せず、城が攻め落とされる危険性がなくなっていたことも、大手道が直線で広いものになった要因とも考えられた。

さらに、この直線部には両側に屋敷地が広がっていた。道と屋敷境には高さ約三〓《メートル》ほどの石塁《せきるい》と呼ぶ石垣の高い壁がそそり立っていたのである。現況では崩れてしまっていて、発掘調査でもその完全な石塁の高さは確認できていないが、出土瓦から、石塁の上にはおそらく塀が作られており塀の上には道に面して金箔瓦《きんぱく》が葺《ふ》かれていたことが考えられる。石塁で遮蔽《しゃへい》された谷底道の両側に燦然《さんぜん》と輝く金箔瓦列のなかを、登って行く人々は、さぞかしまぶしく仰ぎ見たことであろう。

大手道の行く先

門から一三〇〓《メートル》ほど真っ直ぐに真北に登った道は、中腹で約三〇〓《メートル》ほど平行に西進する。このあたりは、道から見て城外の景色がもっとも綺麗に見えるところである。そこから道はさらに山の斜面をジグザグに登っていく。山の中腹あたりでジグザグになる理由としては、ひとつは信長の居城に近づくので防御のために登りにくくしていたと考えられる。また、山の地形じたいがこのあたりから傾斜が変わり険しくなることから、直線的な道を作れないのだとする考え方もある。いずれにせよ道はここからジグザグと登っていくのである。そして、登り切ったところで、伝百々橋口道跡からあがってきた道とT字形に突き当たる。

発掘調査がすすむまでは、山道はかなりくねりながらそのまま山道伝いに伝黒金門《くろがねもん》跡へ登るとされた。調査でも、築城当時の道は同じルートをたどりながら伝黒金門跡へと続くと確信されていたが、結果はまったく別のものであった。伝大手口道の正式なルートは、黒金門には繋がっていなかったのである。道は伝百々橋口道跡と合流して周回路に入り本丸南虎口門《こぐちもん》に向かっていた。大手道が到達したところは本丸周回路と便宜上呼んでいる記録のない道だったのである。この道は信長の居城部の裾周《すそまわ》りをぐるりと一周できるようになっていた。

これまで、伝大手口道跡の終着点が伝黒金門跡であり、そこが本丸の正門とされてきたが、大手道がとりつかないことから城の正面性や伝黒金門の性格を見直さなければならない結果となっている。このことは、後述する本丸御殿や大手門付近の調査とあわせて、新たな結論を導き出さなくてはならない結果を生んだ。このように、伝大手口道跡と呼ばれている道の調査についてはその規模とルートにおいて、これまでの常識を覆す結果となった。

伝百々橋口道跡の調査

麓から天主のある本丸に向かう道には、伝大手口道跡以外にもあと四本の道がある。そのうちの一本が伝百々橋口《とどばしぐち》跡と呼ばれている通称百々橋口道である。この道は安土山の山頂から張り出した西尾根にあたる尾根道である。道についてはいくつか当時の記録が残っているので、まず、それを見てみよう。「正月朔《さく》日、隣国の大名・小名御連枝《おれんし》の御衆《おんしゅう》、各在安土《あづちにあり》候て、御出仕あり。百々の橋より惣《そう》見寺《けんじ》へ御上がりなされ、生更敷《おびただしき》群集にて、高山へ積上げたる築垣を踏みくづし、石と人と一つになつて、くづれ落ちて、死人もあり」（「巻十五　一音出仕の事」『信長公記』）。正月の信長への挨拶のため百々橋を渡りこの道から信長の御殿へ向かった家臣達を一目見ようと集まった群衆が道の石塁を壊し死人がでたことが記されている部分。これから家臣団の多くが山下町に住んでいることがわかる。また町の衆もこの道に入ることができ、大名クラスの者も大手道ではなくこの道を通って御殿へ向かう決まりになっていたことがわかる。

このように、この道は多くの家臣たちが登城する道であり、これこそが本来の大手道と呼んでよいくらい、唯一山下町と山城部を繋ぐ重要な道であることがこの文献からうかがえる。

発掘調査で明らかになった伝百々橋口道跡は、既存の道（昭和初期に整備された石段山道）とまったく重複することが確認された。ルートについても山下町から摠見寺を通り抜け、大手道とT字に突き当たり本丸外周路に繋がることが確認できている。また、道の両側の郭の発掘からも、天正期から江戸時代にかけて使用されていたことを示す遺構や遺物が発見されており、築城期から摠見寺の終焉《しゅうえん》にかけて道が機能していた様子が認められた。現在この道は特に復元されることなく、調査後も現況に戻され使用されている。

伝搦手口道跡（台所道）の調査

これは城の北東面（現能登川《のとがわ》町南須田）に位置し、本丸北虎口《こぐち》門から麓にのびる道である。近世城郭の形態からみて城の裏側にあたるため伝搦手口道《からめてぐちみち》と呼ばれている。しかし、名称じたいには何の根拠もない。また、記録にはいっさい認められない道である。平成八年（一九九六）から続けられた三年間の発掘調査の結果では、道は幅約四㍍《メートル》ほどを保ちながら、ジグザグに麓まで続いていた。道の最上部では本丸の飲料水を支えていたと考えられる大きな井戸郭《いどぐるわ》とそれを管理していた郭群が確認された。特に中腹部ではくねった道の両脇にいくつもの郭群が点在している様子がわかっており、伝大手道跡とはまた趣《おもむき》の違う道のつくりとなっていた。特に両側に側溝がなく石組みの排水路が左右・中央と道とクロスしながら麓に続いている様子が発掘調査で明らかになっている。

麓での調査では、通称蔵屋敷《くらやしき》と呼ばれている高台に建物があり、前面の内湖に面する部分に船着き場が想定できるような景観が遺構として発見されている。また、船の航行のための浚渫《しゅんせつ》水路も見つかっている。この水路からは、金箔瓦が出土し、米を納めたことを記した木簡が発見され話題を呼んだ。また、ある郭では多量の石材片が発見されており、ここで石垣の石材加工を行っていたことも想定できた。

これらを総合すると、この道の持つ性格は、城を支えるための物資の運搬とそれを管理する人々の屋敷などの施設との結びつきが考えられ、城の生活を支える裏方の道であったと思われる。そういう意味では、通称として呼ばれている「台所道《だいどころみち》」の方がイメージとしてはぴったりなのかもしれない。道は現状でも十分なくらいすばらしい幻想的な古城景観として当時の姿をよくのこしているが、残念ながら現在は史跡としての安全と保全のため閉鎖され未公開地域になっている。

図7　搦手口で出土した荷札木簡（滋賀県安土城郭調査研究所『安土城　1989～1998』より）
表「二斗五升　又三郎／市郎兵へ」（右側）
裏「卯月十日　本郷」（左側）

本丸周回路の持つ意味

本丸外周路と便宜上呼んでいるこの道は、これまであまり重要視されていなかった。しかし、安土城の構造を理解するうえでしだいにクローズアップされてきた重要な道で、信長居城部である本丸外郭ラインを築く高石垣の裾を巡るように作られている。まだその正確なルートが明らかにされていない部分もあるが、おおよそのルートは次のとおりである。山下町から登ってきた道と伝大手道口から登ってきた道が、伝織田信忠邸跡の前で合流する。そして、本丸の南虎口《こぐち》に向かう。道はそのまま伝三の丸裾の切り通し道を通り、伝搦手口道へと向かうのである。本丸の北の裾を回った道は、黒金門の前に出てきて再び元の南の裾の位置に戻ってくる。

このように山頂部の城の中を通らずにぐるりと本丸の外を周回できるのがこの道の特徴で、山の斜面に放射状にのびるすべての道がこの外周路に繋がっている。さながら地方から都心に向かうすべての道が首都高速に繋がるように、安土山内にある道は本丸へと向かっているのである。

屋敷地の調査

明らかになった城内の屋敷地

次に信長の居城部より麓《ふもと》に広がっている屋敷地の調査についてみていきたい。これまでの発掘調査では、特に伝大手口道《おおてぐちみち》の道筋に広がる屋敷地が重点的に調査されている。これらの屋敷地には先に述べたとおり絵図や伝承からおのおの名称が付けられていたので、それを解明しようということではじまった調査である。ここではこれらの名称に従いながら、何が発見されたのか、どういう問題があるのかを考えていきたいと思う。はたして、これらの屋敷地はこれらの名のとおりの家臣団の屋敷だったのかどうか。問題はそう簡単ではなかった。

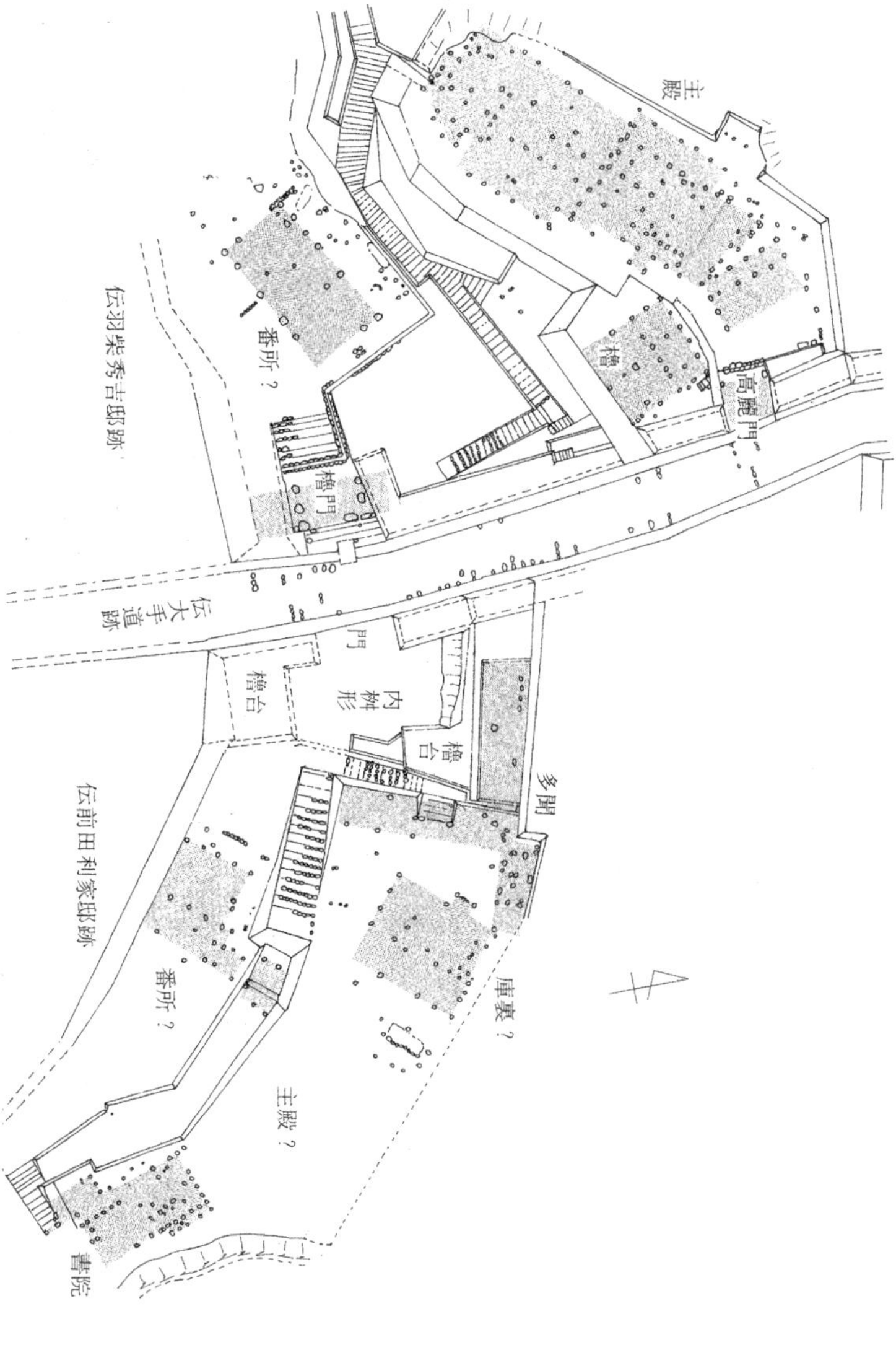

図8　伝羽柴秀吉邸跡・伝前田利家邸跡遺構平面図

伝羽柴秀吉邸跡の調査

伝羽柴秀吉《はしばひでよし》邸跡と呼ばれている屋敷地は、伝大手口道を登りはじめてすぐの西脇に位置する。発掘調査が実施される以前は、繁茂する木々やシダの隙間から石垣の存在がうかがいしれるだけの山の斜面地であった。屋敷地全体の地形測量では、屋敷の全体の広さはおおよそ五〇〇〇平方《メートル》ほどになり、大小六段の郭群で構成されていることがわかった。調査されたのはそのうちの半分ほどの面積である。したがって、完全に屋敷の構造がわかったわけではないが、調査された部分だけでも、この屋敷地は大きくみて性格の違う上・下段二段の三つのエリアにわかれることがわかった。ここではそれに従って屋敷の構造について考えてみたいと思う。まず、最下段にあたる空間である。最下段の空間は伝大手道口跡から屋敷地に入る門と門内の屋敷の前庭部とで構成されていたのである。

櫓門の発見

門は大手道から東面して平入《ひらい》り虎口《こぐち》が検出されている。門の手前では、大手道の脇に流れる側溝を越えるための橋が架かっていたと考えられ、橋受け用の石垣のくぼみと橋受け用の石板が発見されている。残念ながら橋そのものの遺構は現存していなかったので、石橋か木製の橋かは不明である。現在は保存と安全のため実物の橋受けに保存用の石垣をかさ上げして、その上に石橋が建設されている。

図９　発見された伝羽柴秀吉邸跡の櫓門（滋賀県安土城郭調査研究所『安土城　1989～1998』より）

図10　整備後の伝羽柴秀吉邸跡の櫓門（滋賀県安土城郭調査研究所『安土城　1989～1998』より）

遺構ではこの橋の向こう側で門跡が検出された。門の最大幅は八・二メートル（内門幅は約五メートル）ほどあり、巨大な七個の礎石で構成されていた。最前列には鏡柱《かがみばしら》と考えられる長方形の大きな一対《いっつい》の柱があり、向かって右端に脇戸用の礎石が発見されている。さらにその両端に寄掛《よせか》け柱《ばしら》用の小さな礎石が検出されている。奥行き方向には二間分の礎石が検出された。建物自身の部材はまったく発見されていないので正確な建物の意匠は不明であるが、礎石の配置からこの門は櫓門《やぐらもん》だと考えられる。櫓門であれば、築造年代が確認できる最古の櫓門の礎石ということになるかもしれない。

屋敷の前庭部

櫓門をくぐり屋根の水を受ける雨落《あまおち》用の水路をまたぎ、石段を六段登ったところが、この屋敷の前庭部となるところである。ここでは東西七間×南北五間の建物跡が発見されている。復元では厩《うまや》ということになっているが、すべての礎石を検出したわけではないので正確な建物構造とその性格を明らかにすることができたとはいえない。したがって、大きな建物が門内の広い空間に建てられていたことだけが現時点での事実といえるであろう。

さらにこの空間では、屋敷の前庭部や門、大手道のためのいくつかの防御施設が発見されている。まず、敷地のもっとも大手道側となる石塁の内側には石塁に登るためのスロープ階段が設置されている。スロープ階段を登り切ったところにはさらにその上の武者走り《むしゃばしり》に登るための雁木《がんぎ》階段が設置されていた。これらのことから、大手道側の石塁には狭間《さま》のある塀が建ち、内側から大手道を防御できるような構造になっていたことが考えられる。また、このスロープ階段は上下二段になっており、途中をバイパス状につなぎ、下段はそのまま屋敷建物がある最上段の郭《くるわ》に入る階段へと向かい、さらに奥の郭へ行く階段となっていた。これらの階段はすべて屋敷内通路として理解できるであろう。

最上段の郭

最上段の郭《くるわ》は平成二年（一九九〇）に発掘調査が実施された。最上段郭への入り口は、櫓門からさらに北に大きく登ったところにある。大手道から左折して入る虎口で、礎石の配置から高麗門《こうらいもん》と考えられている。また、門内の左手には洗い場と考えられる石桝《いします》があり、石組み排水が完備された水利《すいり》施設が発見されている。この施設は水を門の下を暗渠《あんきょ》で通し大手道の側溝に流すものである。この時代の城郭にあってすでに下水が完備されていたことがわかる好例である。また門から見て一番手前には台所として想定された礎石群を発見している。また、左手の一段低い郭からは櫓と推定されている礎石群も発見している。この建物は位置から見て下段の前底部と大手道に睨《にら》みを効かせるための施設だと考えられる。

さらに、屋敷中最大面積を誇る最上段郭では、郭全体に広がる礎石群を発見している。推定復元では武家住宅における主殿が想定されているところである。建物としては当時の洛中《らくちゅう》に認められるような武家屋敷の形式を踏襲《とうしゅう》したものとして評価されており、城内で発見された屋敷群としては戦国期における城内屋敷の形態がわかるもっとも資料的価値の高いものとして評価されている。

伝前田利家邸跡の調査

伝前田利家《としいえ》邸跡は、伝羽柴秀吉《はしばひでよし》邸跡の大手道を挟んで向かい側に位置する屋敷地である。調査は平成三年から実施され、平成十三年度にその一部が整備され公開された。ここでも秀吉邸跡に匹敵し酷似《こくじ》した建物配置を持つ屋敷が発見されている。屋敷地は最上段から最下段まで三段の郭で構成されており、おのおのの郭が関連性を持ち一つの大きな屋敷地を構成していることがわかった。それぞれの郭で礎石が発見されている。

現在、屋敷跡は私有地のため一部を除いては公開されていない。公開されている屋敷入り口では屋敷を守る虎口《こぐち》の様子が整備され再現されており、屋敷地の防御機能をうかがい知ることができる。まず、その整備された虎口を見てみたい。

内枡形虎口

大手道から入る門位置には秀吉邸跡と同じ間口と規模を持つ虎口が発見されている。残念ながら門の礎石は後世に削平《さくへい》され、現存していなかったので、この屋敷の門の形態は不明である。門の内は内枡形《うちますがた》になっており、四角く広い空間がある。枡形の北面はむき出しの崖の上に石垣が積まれ荒々しさが見て取れるもので、その上には中段の武者溜まりからのびる武者走りと枡形の東面に位置する櫓台、そしてそこから続く蔀《しとみ》の石垣が認められる。南面はすでに削平されており、遺構は残されていなかったが、位置的には櫓台が想定できるところである。

枡形の一方の開口部は南西隅にあり、ここから上段の郭へ向かうことができるようになっている。上段の郭に向かうには三つのルートが用意されている。ひとつは枡形東面にある蔀の石垣によって隠されている階段を上る方法である。この階段は上段郭の西面に入れるようになっていて、位置的に見て屋敷の日常的な入り口と考えられる。いわば勝手口にあたるかもしれない。上段の西面上では門に伴う礎石が検出されている。この建物は平面形態からみて多聞《たもん》になる可能性がある。

発見された木樋

また、階段の突き当たり（多聞床下）には配水施設と考えられる木樋《もくひ》が設置されていたことが発見されている。この木樋は、左右が石垣で

図11　伝前田利家邸跡多聞櫓下に設けられた木樋（滋賀県安土城郭調査研究所『安土城　1989～1998』より）

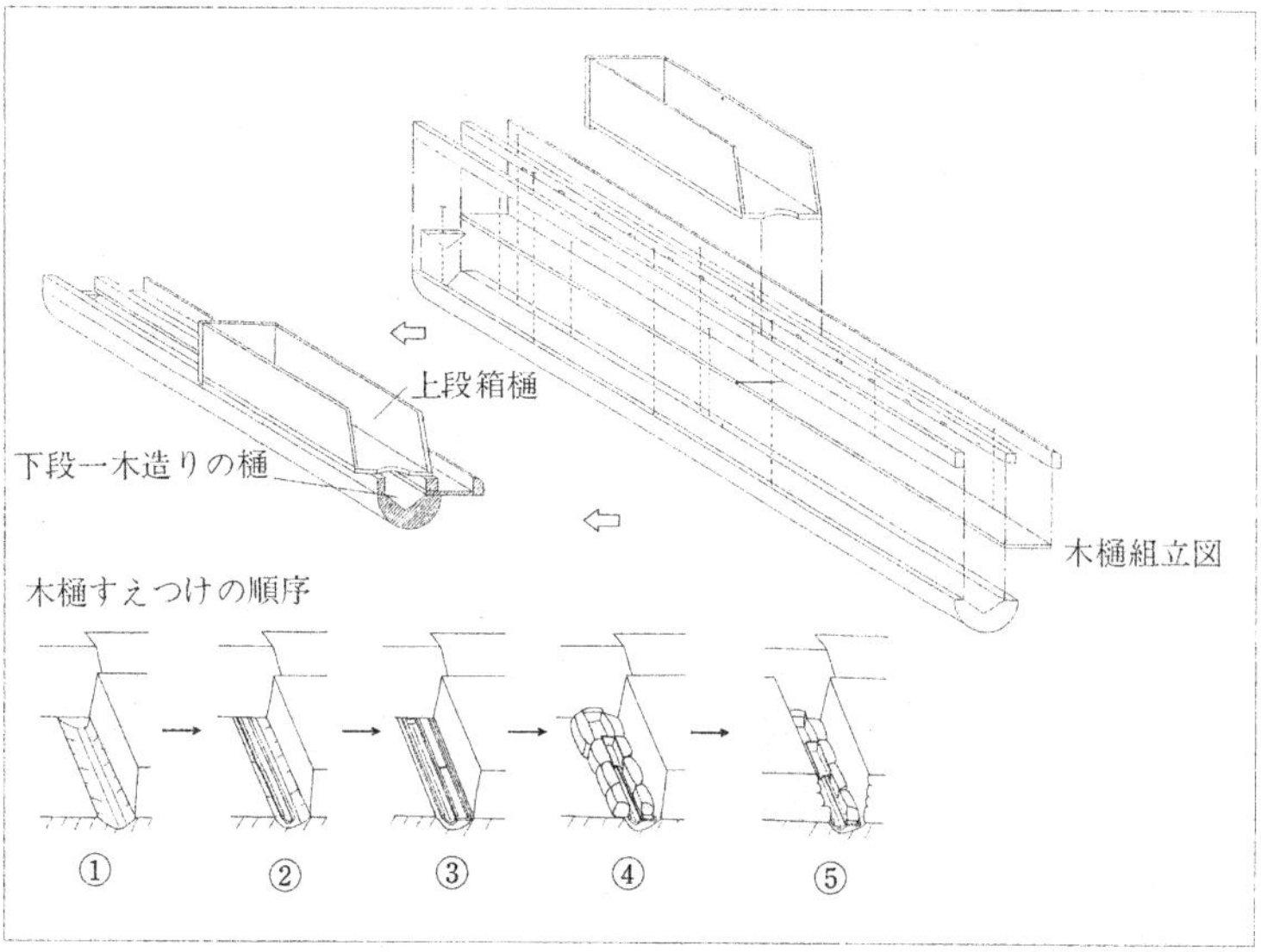

図12　伝前田利家邸跡多聞櫓下に設けられた木樋構造図（滋賀県安土城郭調査研究所『安土城　1989～1998』より）
①地山に素掘の溝を掘り北側・東側に石垣を築く，②下板木樋1を据えつける，③下板木樋2を据えつける，④木樋周囲に石組みをして上段木樋を据えつける，⑤西側に石垣を築く

作られた水路部の底に設置されていたもので、現存する長さだけで優に三《メートル》を超えるものである。木樋の構造は上下二段になっており、上段に乗せられた箱樋《はこひ》で一度水を受け、流物以外の水だけをさらに下（宅外）に排水するものだと考えられる。いちばん底の樋は栗の木をくりぬいたもので、木樋に詰まっていた土の科学的分析から、野菜などについていたと考えられる寄生虫が含まれ、また、出土遺物の箸《はし》、烏貝《からすがい》の殻、桃の種、瓜《うり》の種などから、この樋が洗い場の排水用であることが判明した。おそらく上水は竹樋か何かでこの木樋の上までひかれていたのではないであろうか。つまりこれは現代のキッチンシンクの一部というわけである。

表向きと、奥向きの階段と建物

さて、枡形の南西隅にはもう一つ階段がある。これは上段の郭の南面に上がる階段である。この階段は建物の正面に出るので、客が使う表向きの階段と考えられる。上段の郭には三棟の建物が建っていた。一番西の建物は田の字に配された礎石から庫裏《くり》のような建物が想定されている。一番東の建物は礎石の配置から書院形式の建物ではないかとされている。したがって、残る中央部の未発掘地（私有地）には御殿が建っていたのではないかと考えられる。いずれの建物も礎石が完全に残っていないので正確な建物の形態がわかったわけではないが、伝羽柴秀吉邸跡と同じように三棟の用途の違う建物が一つの郭に建てられていた様子がわかるであろう。

さらに、枡形の南西隅の奥には二段の帯郭《おびくるわ》が回っていて、下段の帯郭では東西五間×南北四間の礎石建物が検出されている。復元では厩《うまや》とされているが、位置から見て城の南前面や枡形虎口空間を守る兵のための建物（番所）とした方がよいであろう。

この建物の奥にはさらに空間が続き、未発掘の郭と上段に登る奥向きの階段がとりついている。階段はとても急であるが、各郭は尻続きに繋がっていて、奥から中段武者走り、上段郭に登れるようになっていた。おそらくこれは、屋敷内に攻め込まれたときにそれぞれの郭間を敵に気づかれずに行き来するためのものと考えられる。これも防御的な機能のひとつである。

伝武井夕庵邸跡の調査

伝武井夕庵《たけいせきあん》邸跡と呼ばれている郭は、大手道跡が直線部から横道を経て至るジグザグ道の途中に位置する屋敷である。屋敷の入り口はジグザグ道から一度折れて入る桝形虎口で、その点では他の屋敷地とは一線を画している。門は発見されている礎石の配置から高麗門《こうらいもん》ではないかと考えられている。門内の左側には小さな櫓台があり、門虎口と大手道を防御している。門内の右側には石桝《いします》があり水が溜まるようになっており、溢れた水を宅外に排するための溝が見つかっている。門の奥にはひとつの大きな建物を示す礎石群と井戸が一基発見されている。屋敷地内にある井戸はここだけである。また建物の奥には土蔵と考えられる礎石列と裏虎口が発見されている。特にこの屋敷から輸入陶磁器や茶器が多く見出されている点、蔵や井戸がある点から、茶人の存在が指摘されるところであるが、はたしてそれが武井夕庵を示す根拠になるのかどうかは今後の課題であろう。

その他の郭の調査

その他の郭の調査として、現摠見寺の敷地周辺に存在する郭がある。ひとつは伝羽柴秀吉邸跡の北上方（現摠見寺防火用水設置地）、ひとつは伝前田利家邸跡の北上方（現摠見寺）の敷地である。調査では大手道からそれぞれ左右に屋敷地に入る入り口施設が発見されている。屋敷地内の様子は未調査のため不明である。

さらに、伝大手道横道部の突き当たりにも屋敷地が発見されている。ここは、大手道から階段で下に降りたところに屋敷地が作られており、虎口から屋敷地におりるという意味で他とは違う構造になっている。調査では建物の礎石の有無だけを確認しているため、いずれも屋敷地の存在と門や建物の存在は確認しているが、屋敷の正確な構造についてはわかっていない。これらの屋敷地は伝承を含めて郭の名称すら残っていない屋敷地である。

また、伝武井夕庵邸跡の北上方にある織田信忠邸跡と伝えられている屋敷地についても発掘調査が実施されている。ここは旧摠見寺の裏にあたる場所である。残念ながら調査の結果では、屋敷にかかわる遺構はまったく発見されなかったことが報告されている。発見されたのは、江戸時代以降に畑として利用されていた様子や山を切り開いた痕跡だけであった。この地がなぜ信忠の屋敷地と言われるようになったのか、謎が深まる結果となっている。

家臣の屋敷か城の施設か

このように中腹より麓の山の斜面では、城が機能していたと同時期に存在していたと考えられる建物が数多く発見された。ここでまず念頭においておかなければならないことがある。それは発見された礎石から考えられるこれらの復元建物が必ずしも当時の姿を指し示してはいないということである。屋敷の性格を考えるにあたってこれは重要なことである。残念ながら、建築学による礎石からの建物復元は、あくまでも各地に残る現存する建物から想定できる当時の建物を想像しようと試みたにすぎない。戦国時代の城の建物で現存するものは皆無に近いので、その前後の寺社建築を参考にして復元しているからである。これはあくまでも想定であり現物の復元ではないということを自覚しなければならないであろう。確かに限りなく近いかもしれないが、真の姿そのものではないのである。だとするならば、建物の復元だけですべてを推し量ることはできない。当時は家紋も表札もない時代である。これらの屋敷地が言い伝えられているとおり各武将屋敷である証拠はどこにもないのである。発掘調査でも建物の持ち主を特定できるような資料は何ひとつ発見されていないということが重要な事実である。したがって、推定されている武将名とそれに伴う屋敷とする考え方は、現時点ではあくまでも古城図と伝承によるものと理解しなければならないであろう。残念ながら、羽柴秀吉の家の前に前田利家が住んでいたという状況はつくりごとというほかないのである。

では、発見された屋敷地の礎石群から考えられる建物はどうであろうか。ひとつは建物の細部にわたる復元は別とし、屋敷の持ち主の名前は不明としながらも、発見されたひとつの屋敷地をひとりの武将の屋敷地とする、という考え方である。これは考え方としては可能である。この場合、どのクラスの人間が山中に屋敷を拝領し使用することができたのか、その位置と規模から山城全体の構造・構成を論議し、安土山中の屋敷の特質を検討したうえで決定していかなければならないであろう。

一方、この屋敷地と建物が家臣団のものではなく、安土山全体が信長の城であり、すべての部分が城の諸施設であるとする考え方もできる。この場合、大手両側の伝羽柴秀吉邸跡とか伝前田利家邸跡とか呼ばれている屋敷地は、別の城としての重要な役割を持った施設、たとえば他国から訪れる客の接待場か迎賓館のような施設を想定しなければならないのかもしれない。

いずれにせよ、これらの屋敷地が家臣団の屋敷なのか信長のための城郭施設なのかは、いまだ決着がついていないことにはかわりがなく、その現状が研究として重要なことなのである。真実の姿はどこにあるのか。すべてはこれからの研究にゆだねられるところであろう。

城の中の寺、摠見寺

麓《ふもと》の屋敷群以上に安土城にとって大切な施設がある。それは信長が建築した摠見寺《そうけんじ》という寺院である。宗教に圧力をかけ続けた信長が自らの城の中に寺を築くことに違和感があったり、『フロイス日本史』などに記録された、宣教師から見た摠見寺における信長自身の行動の異様さ（信長が自らを神として、自身の神体の変わりとして「盆山《ぼんさん》」という石を祀《まつ》らせた）から、摠見寺の性格を異様なものに位置づける考え方が後を絶たない。しかし、城の中に建立される寺院ということは、当時の戦国時代にあっては何ら不思議なことではない。近年の調査などでも有力な武将の本拠地の城に寺や神社がつくられていることが認められてきているからである。われわれの家でも神棚があったり、ビルの上などに神社がつ

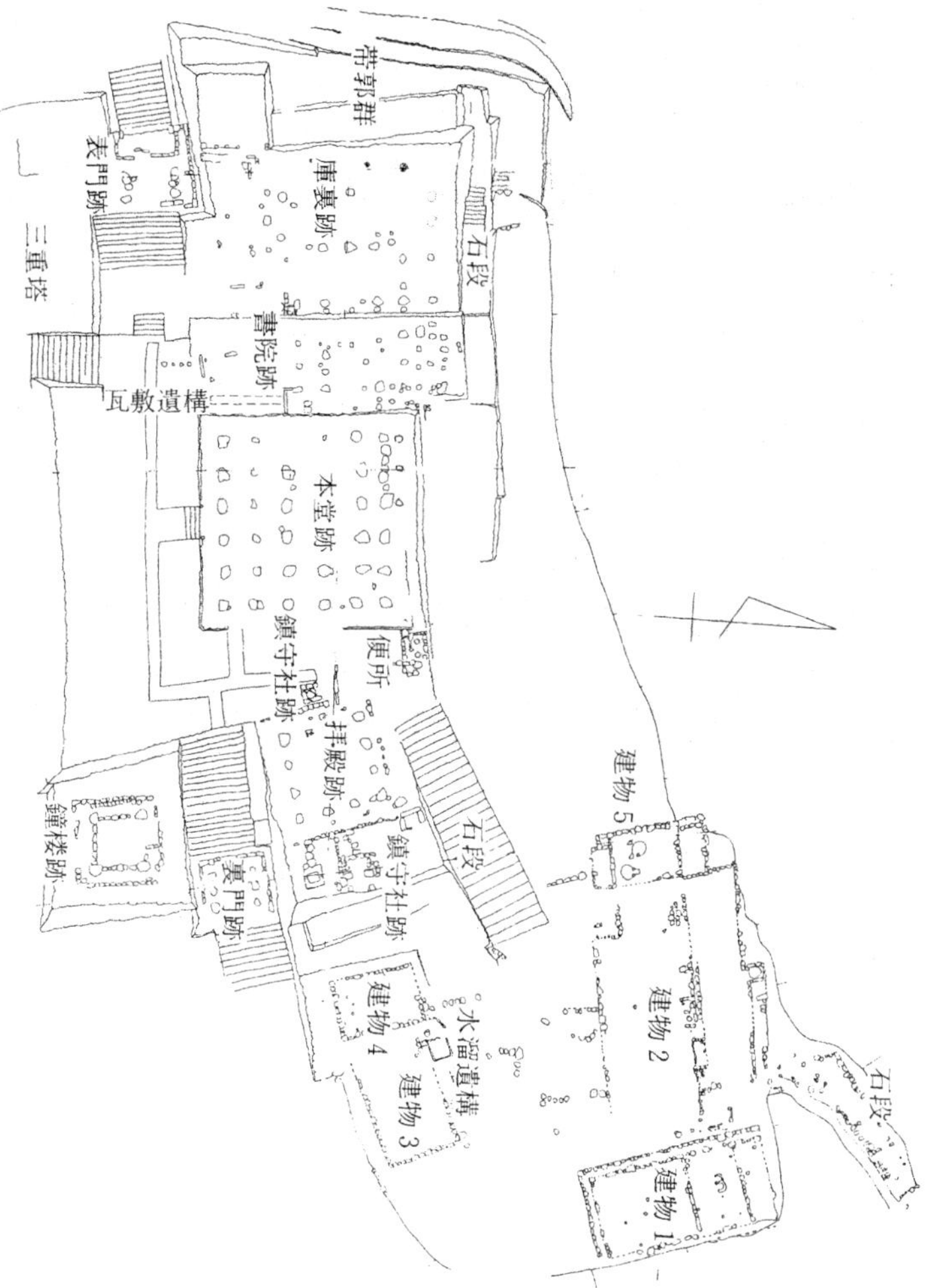

図13　摠見寺跡遺構平面図（滋賀県安土城郭調査研究所『安土城　1989～1998』より）

図14　摠見寺本堂跡・書院跡・庫裏跡（滋賀県安土城郭調査研究所『安土城　1989〜1998』より）

くられることがあるとおり、特に多く禅宗を信心していた武家にとっては、日々の信心の場、また先祖の菩提《ぼだい》を弔うための場を城に設けることはごく普通のことであり、何ら不思議なことではないからである。

摠見寺の歴史

そもそも摠見寺は、信長が大叔父である犬山城主織田伊勢守信安の三男正仲剛可《しょうちゅうこうか》もしくは津島牛頭天王《ごずてんのう》社僧堯照《ぎょうしょう》法師をむかえて建立したと伝えられている寺である。正式な僧を住職にむかえていること、創建当時には裳階《もこし》付三間仏殿の本堂、方丈庫裏《ほうじょうくり》、鐘楼、熱田《あつた》社、三重塔、楼門といった伽藍《がらん》を有していたことなどから考えて、戦国武将にみとめられるようにいわゆる菩提寺《ぼだいじ》を城内に建立しようとしたのではないかと考えられる。建立開始時期はおそらく城と期を同じくしていると考えられるが、天正九年（一五八一）七月十五日の「安土御殿主、并《ならび》に惣見寺に挑灯余多《ちょうちんあまた》つらせられ、……」という盂蘭盆会《うらぼんえ》の記事からみて天正九年には伽藍はそろっていたものと考えられる。すべてが移築で行われていることから考えると、天主完成の天正七年までには完成していたであろう。天正十年の火災にあたっても創建時は本丸から離れていたため類焼を免れている。

信長の死後は、天正十九年に豊臣秀吉により寺領一〇〇石の朱印を遣わされ、代々織田

図15　摠見寺跡出土桐葉紋軒平瓦（滋賀県安土城郭調査研究所『安土城1989～1998』より）

家の人間が住職を務め信長の菩提と聖地安土山を守るように言い残されたことは先に述べたとおりである。

さらにこれを受けて秀吉の死後、淀君《よどぎみ》の命より片桐《かたぎり》且元《かつもと》が奉行となって修復が行われている。命を受けた織田有楽斎《うらくさい》は黄金一〇〇枚で庫裏と書院を建立している。発掘調査でもこのときの修理瓦だと考えられる「桐《きり》葉《は》文《もん》軒平瓦《のきひらがわら》」が出土している。

さらに江戸時代に入ってからもこの考え方は貫かれ、徳川代々の将軍から朱印状が発せられ寺院領主として経営に当たっている。しかしながら、江戸時代を通じて安土山を見守ってきた摠見寺も、離れて建っていた仁王門《におうもん》と三重塔を残し、伽藍はすべて安政元年（一八五四）十一月火災によって焼失した。

旧摠見寺の構造

発掘調査の結果、現在認められる伽藍の状況は、焼失する直前の姿であることがわかっている。したがって、現存する伽藍だけで信長在世当時の摠見寺の伽藍を語ることはできないわけである。少なくとも現存する仁王門と三重塔だけは位置が移動していないと考えられる。堂は西の一番低い段から順に、庫裏、書院、そして中央の最も高い位置に本堂の基壇が遺されている。これらのことから現在知ることのできる伽藍は、南を正面として建てられていたようである。

現存する三重塔（重要文化財）は心柱《しんばしら》の墨書紀年銘《ぼくしょきねんめい》から享徳《きょうとく》三年（一四五四）に建てられたもので信長が甲賀《こうが》攻めのときに長楽寺から移築したと考えられている。同じように、仁王門も棟札《むなふだ》の墨書から元亀《げんき》二年（一五七一）に建てられたどこかの寺院の門の移築であると考えられる。

さて、摠見寺でもっと特異な部分は山下町《さんげちょう》からのびてくる城内道のひとつである。なぜなら伝百々橋口道《とどばしぐちみち》跡が西から東に向かって本堂前の境内のなかをつき抜けているからである。したがって、この寺を通らないかぎり山頂の城には向かえないのである。なぜ、このような形状になっているのであろうか。それについては次のことが考えられる。ひとつは摠見寺が城の防御的機能を果たしているということである。当時、堅牢《けんろう》な構造物としては市中にあっても寺院が大きな役割を果たしていた。信長はそのことを身をもってよく理解している。『信長公記』は寺院に「要害《ようがい》」という言葉を用いているように、信長自身も数々の寺院を城塞《じようさい》として利用してきた。もちろん最後の地が本能寺であったこともいうまでもない。このように信長は城以外ではよく寺院に宿し利用していたのである。寺が山下町からの侵入に対する要害になっていたということは十分に考えられるであろう。そうすると寺から内が城内だと考えられるようになる。そうなれば寺の門が城の西の端の門ということになるであろう。町の民であれ家臣であれ、山頂の城に向かうにはこの道を通り、寺を通らなければ城には行けなかった。通行税をとったり、石を拝ませたりする行為は、城へ向かう単なる関門にしかすぎなかったのではなかろうか。

摠見寺の能舞台

天正十年（一五八二）元旦の出仕にあたって大名・小名が安土山を見学したときにまず摠見寺を通過した。その際に彼らは摠見寺の毘沙門《びしやもん》堂御舞台を見学している。また、五月十九日には「安土御山惣見寺において、幸若《こうわか》八郎九郎大夫に舞をまわせ、……家康公召《めし》列《つらね》られ候衆、……」（『信長公記』巻十五）と家康を招いて幸若舞と能を催している。これが有名な摠見寺の能舞台である。発掘調査では下層に信長の建立した摠見寺の伽藍が埋もれている可能性が示唆されている。発見されたこれらの礎石が摠見寺の能舞台と何らかの関係があるようであれば、能舞台は豊臣期以降に地下に埋め殺されたことになるが、周囲の石垣の様子からは改築された様子がうかがえないので、これも疑問の残るところである。庫裏や書院とされている場所が位置的には西の湖を望む絶景になっていることを考えると、このあたりがもっとも能舞台に適しているようにも思われる。

いずれにしても、旧摠見寺境内の中のどこかに存在したことには変わりがないが、現時点で能舞台をどこに比定するのかは、まったく結論づけられていない。そもそも毘沙門堂御舞台とは能舞台ではなく、毘沙門堂の舞台を能舞台としたとも理解でき、また、白洲《しらす》の可能性もある。能舞台としての正式の床がなかった可能性も考えなくてはならないであろう。

城を掘る

日本最初の城郭発掘と整備

昭和十五・十六年の発掘調査

滋賀県では国からの補助金を受けて天主跡と本丸跡を昭和十五（一九四〇）・十六年にかけて発掘調査し、その後石垣の整備を実施している。現在、天主・本丸跡が見学できるのはこのとき行われた調査とその後の石垣整備による。おそらくこの発掘調査は日本で最初になされた城郭の学術調査であろう。目的は城跡の外観を公にするため、自然崩壊する天主・本丸を保存（復元整備ではない）するためである。これらの記録については『滋賀県史蹟調査報告第十一冊　安土城趾』として詳しく記されている。平成の発掘調査の成果を見る前に、まずここで当時の調査内容についてみておきたい。

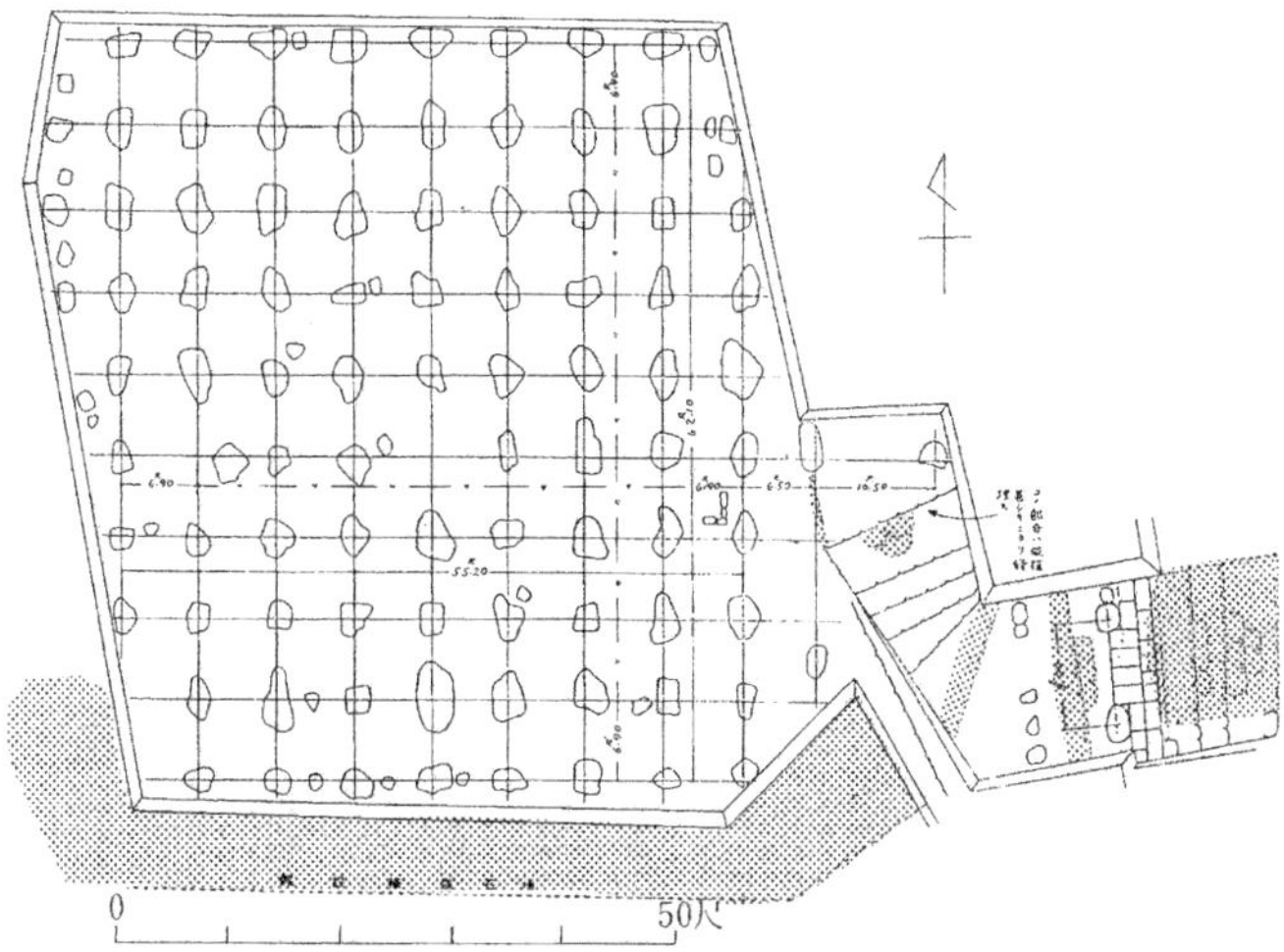

図16　天主跡平面図（昭和15年，アミ部は昭和の補充石）

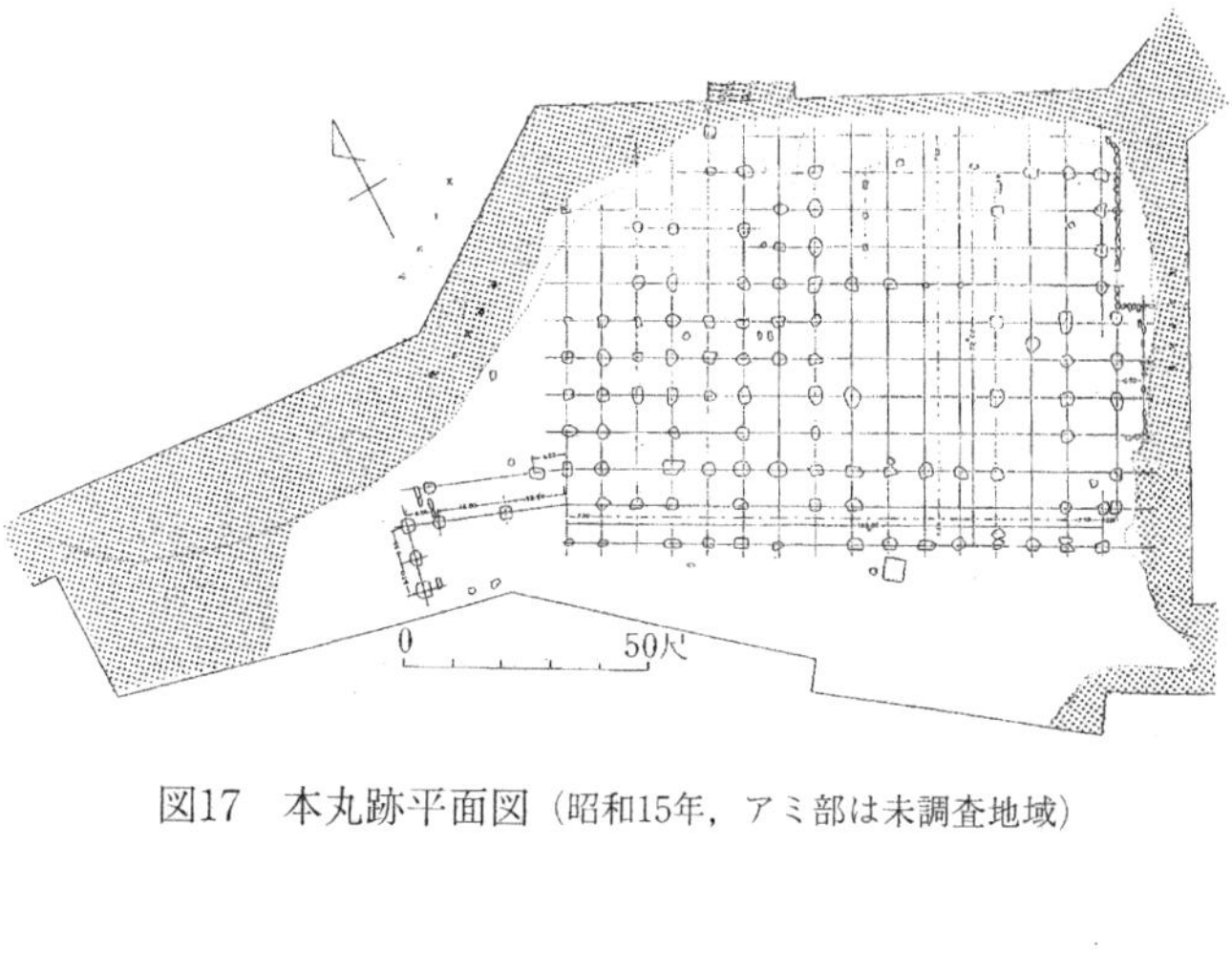

図17　本丸跡平面図（昭和15年，アミ部は未調査地域）

当時の記録と写真によると、調査前の天主台は荒廃がすすみかなりひどい様子であった。まず、天主台石垣の外側は、その上方約三分の一ばかりがすべて崩壊し、その石垣崩壊石、裏込石《うらごめいし》、土砂等は、天主台の下方に堆積し、天主台は土砂の巨大な塊と化しており、もとの形状はほとんど不明に近かったとある。また、天主内部石蔵《いしぐら》（地階）周囲の石垣も同じで、その上方は裏込の栗石《ぐりいし》や土砂が、石蔵に崩壊堆積していたようである。旧礎石は全面尺余りの厚さに埋もれていて、現在のようには見えていなかった。また天主登口も、両側の石垣の上半がすべて崩れ落ちて数尺の厚さに埋没し、登口の型式がいかなるものであるかわからないくらいだった。まったく手のつけようもない有り様であった。三五〇年の月日に、かつての栄華が巨大な土盛と化していた様子がわかるであろう。

天主台の調査

調査はまず天主石蔵内部の礎石および登口の形式を明らかにするため、調査地域内に叢生する樹木をすべて伐採した後、堆積する石や土砂類を取り除くことから始められた。石蔵内部には、礎石の存在が以前から知られていたが、堆積土砂および石垣の崩落石を取り除くうち、石間全面に当初の叩き漆喰層が存在するのを発見している。これにより旧地盤面が確定したので、この漆喰層まで土砂のすき取りを行った結果、かつての壮大な天主の規模を示す旧礎の全貌が明確になった。このように石蔵内部に礎石を発見し、その面に漆喰層があることを確認している様子が記録されている。この礎石が現在も天主台石蔵内部に認められる礎石である。

さらに、天主南辺の石垣はその上部が著しく南へ崩壊していたため、その付近の石蔵内部側の石垣が危険な状態になる恐れがあったので、当面の手段として仮設石垣を高さ三尺、長さ一二間にわたり設けている。これは仮設であることを示すため、小石を使って臨時に築かれたものである。このように、現在見られる南側の石垣上に築かれた幅狭の石積は、このときに安全が考慮されて仮設的に積み上げられたものであることがわかる。故宮上茂隆氏の天主復元案では現況の仮設石垣を、そのまま当時のものとして扱い復元推定を行っている。このことからもこの復元案に間違いがあることがわかる。

また、石蔵内部の遺跡について、調査の結果、いくつかの興味深い事実が記されている。まず石蔵内部は不規則な六辺形の平面をしていて、南辺および北辺が最も長く、南辺約八間半、北辺約一〇間あり、平行していること、平面形態が不規則な矩形をしていることをあげている。現在もこの天主の平面形態には変わりがない。したがって、天主台石垣は調査前の状況と現況を考え合わせても、基底部の平面形態は築城当時の姿を確実に表していると考えられるのである。ただし、高さについては現況よりも高いとしかいえない。築城当時の実際の高さはどこにも存在していないからである。

石蔵内の礎石と中央の穴

石蔵内の礎石については平面内に東西一〇列、南北一〇列で、六尺九寸間に礎石が配列され、礎石の数は九一個で、多少沈下・傾斜するものもあるが、全体としておおむね旧状のままと認められている。この表記についても現地で確認できるとおり間違いがないであろう。さらに中央部で「天主の穴」とされた遺構が発見されている。中央部の真柱《しんばしら》に相当する地点に礎石を欠くことはこの中央部には当初から礎石がなかったものと考えられたのである。中央真柱の礎石の欠如する部分には叩き漆喰の跡も認められず、その付近は埋土《まいど》らしい軟土層のあることが認められ、中央の礎石は存在していないことが書かれている。天主を復元するにあたりもっとも問題となる部分である。これが「天主の穴」の謎である。

これについては後に詳しく述べることとして、ここでは調査当時の様子をみておきたいと思う。当時の調査の様子はこうである。試しにその部分を掘下げたところ、約二尺平方の大きさに深さ四尺ばかりの穴のあることが判明し、この穴の中には全部焼土と思われる土砂および木墨化した木片が充満していた。この焼土層のなかからは褐色の壺の破片十数個を発見した。この焼土の部分と地山部分とはその境界がはっきりしていた。しかし、当時は結局、穴の底の状況そのほかより考えて、少なくも掘立柱の穴とは考えられなかったと結論づけられたのである。

穴の考古学的理解

さて、この調査については、現代の考古学的な理解にもとづくと、いくつかの問題点が含まれていることがわかる。まず、遺構面上で検出した礎石との関係である。この時点で移動している礎石があるとはいえ、他の礎石の存在状況から考えると、ひとつだけ礎石が存在しない状況はまったく不自然といえる。ここでいくつかの考えられることを列記しておきたい。

まず、最初から礎石が存在しなかった場合である。この場合、中央の礎石の欠如する部分には叩き漆喰の跡が認められず、その付近に埋土らしい軟土層のあることが認められた状況や、この穴の中に全部焼土と思しき土砂および木墨化した木片が充満していた状況から判断して、最初から存在しなかったのなら、その部分も一様に漆喰が施されていてよいはずであり、穴に天主火災のものと考えられる焼土・炭が混入する余地はないことになる。したがって、状況としてはここに何らかのものが存在していたか、もしくは穴が開いていたことになるのである。

つぎに礎石は存在しなかったが、礎石以外のものが存在した場合である。この場合は叩き漆喰の跡が認められない部分に何か別のもの（宝塔、便所、貯蔵施設、地鎮施設）が置かれていた可能性がある。この場合、漆喰の無い部分にはものが置いてあったことになり、これに対しては説明はつくが、穴にあった天主火災のものと考えられる焼土・炭の堆積は上部のものが焼けた後に落ち込んだことになり、当初はものの下に空洞があったと考えなければならないことになる。また特異な施設が穴の上部に存在すれば考古学的にはその痕跡が遺っていなければならないのであるが、その痕跡はまったく発見されていない。また、漆喰の無い範囲が穴の大きさだけであることと、穴の大きさが約二尺平方の大きさで深さ四尺ばかりの穴であることから、この穴に相当する施設なり物体を考えることは難しいことになる。宝塔や須弥壇《しゅみだん》のような施設であればその痕跡や宝塔自身の残骸が発掘調査で発見されなければならないからである。

さらに、礎石が存在したが後に抜き取られた場合である。この場合、中央の礎石が欠如する部分に認められない叩き漆喰の跡の説明はつく。しかし、抜き取り穴から考えた穴の規模や穴の中の調査状況から考えて、石の大きさと合致しないように考えられる。さらに中心礎石だけが抜かれてどこかへ持ち去られたという証拠も根拠も見いだすことはできないのである。

最後に掘立柱の穴と考える場合である。この場合、穴の底の状況より考えて少なくも掘立柱の穴とは考えられなかったとする所見を逆に否定するものであるが、調査状況から考えられる様子は一番可能性を秘めているものといえるであろう。もし仮に中心柱が掘立柱であったとすると、木材が中心に埋まっている訳であり、天主焼失倒壊にあたっては、そのままの位置で焼失するか、根本で折れるか、えぐれ上がるか、すっぽり抜けるかのいずれかであると考えられる。しかし、調査の結果でも現況でもえぐれ上がった痕跡は認められていない。穴は綺麗に遺っており焼土・炭が入るためには柱は真上に抜けなければならないので現実性がない。あとは柱が穴に遺っていた場合である。この場合、遺された木材は焼失するか、水分のない密閉されない土のなかで腐敗消滅するか、現存するか、のいずれかになる。さて、調査状況はどうであったか。この穴の中には全部焼土と思しき土砂および木炭化した木片等が充満しており、焼土の部分と地山部分とはその境界がはっきりしていたとある。これは考古学的に見ると焼けた物がそのまま穴に充填《じゅうてん》されたことを示唆しているのである。穴が掘られた地山部分との境界がはっきりしていた点など、柱が蒸し焼けになり炭化したものとして、この文章にはしっかりとした形の穴にこれら埋土が充填されていたことが記されていたのである。

以上のことから考えると、「謎の穴」に対する答えとして一番可能性の高い結論は漆喰のない部分で発見された穴に、掘建立柱が立っていたのではないかということである。まさにこのことから天主の大黒柱用の穴が想定されるのである。

本丸御殿址の調査

続いて、昭和十七年（一九四二）一月から実施された本丸御殿跡の調査状況についてみたい。現在、本丸跡は礎石が杉・檜《ひのき》の林に見え隠れするような、しんとした古城の雰囲気を漂わせている場所である。調査前の様子をみると、松、杉、檜等の小樹や雑草の生い茂れるなかに、わずか一、二の束石らしきものが認められるほかは何らの見るべき遺構もなかったようであり、樹木は今ほど大きくなく礎石もほとんど露出していなかったことがわかる。しかし、東および北は三の丸から天主の石垣が続き、その直下の地域は石垣の崩壊石や土砂が小山の様に堆積していて、石垣についても崩壊が認められたのである。

さて、調査の状況は次のとおりである。まず、周囲の石垣崩壊部については土砂棄て場の選定の困難と、調査費の不足から、今回の調査には全然手を触れられてはいない。そこ以外の全域を対象としたとある。その範囲は図17の点線の範囲である。この区域の南方はすでに明らかとなっているが、東方は三の丸、北方は本丸帯郭《おびくるわ》、北から西にかけては天主の石垣の裾には崩壊石や土砂が堆積しており、その石垣の線まで調査することができなかったようである。しかし東側の方はすでに旧葛石《かずらいし》などが明らかとなっているので、さらにその東には遺構はのびてはいないものと判断された。ただし北側の本丸帯郭の下は礎石があり、また帯郭上の建物へ接続していた可能性もあるとされたが、その時点では調査はされず、今後の調査にゆだねられている。

これらのことから本丸御殿は完全な範囲を調査されたのではないことがわかる。調査の結果は「予期以上の成果あり、即ち在来の地盤下平均約四五寸許《ばか》りの地中から、次々と旧礎の存在が確認され、はじめの予想を遥かに越えて、碁盤目状に配置された百個以上の大礎石群を検出している。建坪約二百坪以上の御殿の跡が茲《ここ》に明らかとなつたのである」と発表されて、平面図（図16）のとおりの礎石を検出している。そして、遺構の建築的性質を復元して考えると、発見された遺構の礎石配置が安土城本丸の主要な御殿の遺構であり、複雑な平面を持った書院建築であったことは疑いがないとされた。つまり、これが位置的にみても遺構からみても『信長公記』などの記載に認められる本丸御殿の跡と理解されたのである。

平面の間取りは、北と東は石垣に接して空地がないものの、西と南には十分な空地があり、大手口から続く通路との関係から、西側に表玄関が設けられていたと推測している。当時判明している遺構だけでは、その詳細な形式は知り難いとしながらも、武家造書院に見られる中門廊形式玄関があったのではないかと結んでいる。

また、礎石の残存状況についても火にかかった形跡があり、焼損して割れたものなどあると天主同様火災にあったことを証明している。出土遺物については発掘出土品としては見るべきものはなく、焼土と認められる部分がわずかに存していたとし、古瓦の出土が少ないことから、この御殿が瓦《かわら》葺《ぶ》きでなく、檜皮《ひわだ》葺《ぶ》きか柿《こけら》葺《ぶ》きであったとしている。

このように調査の内容と結論は当時にあっては、とてもレベルの高い水準のものであったといえるであろう。しかしながら、すべての範囲が調査されたのではなかったところに問題が残っていたのである。本丸敷地内が完全に発掘調査されないかぎり、建物の構造については結論を出すことは難しいと考えられる。平成の発掘調査の焦点はそこにあった。この建物の話に移る前に、重要なことがあるので、もう少しその後に実施された修理工事の様子についても見ておきたい。

昭和三十五年の石垣修理工事

さて、ここで本丸・天主の発掘調査の後、昭和三十五年（一九六〇）から第一次五ヵ年計画で実施された「特別史跡安土城跡修理」の内容にふれておきたい。これらは現況の安土城の姿を把握するためにはとても大切な部分である。これについては『特別史跡安土城跡修理報告書Ⅰ』に詳しく記されている。計画された工事は、廃城として永年放置されていたことが近年城跡の樹木が繁茂を極め、特に石垣面に根づいた雑草や樹木が、石垣を崩壊させ、放置し得ない状態となっていたことから、国の補助を得てこれを修復することとして実施された。

修理の範囲と内容

ここでは、本丸の構造を考えるうえで重要だと思われる昭和の工事によって改変された、石垣の範囲と内容について考えてみたいと思う。まず、その工事の範囲についてである。範囲は黒金門跡より本丸に至る城跡の中枢部である。内容は石垣の崩壊個所を復旧するとともに、崩壊石や土砂および後世に繁茂した樹木、雑草を整理し、除去することであった。特に崩壊のはげしかった石垣は、根本的に積み替える計画としている。ただし、石積の復旧にあたっては、当初の石垣天端が不明なものについては、あえて積み上げることなく、旧規の明確に判明した部分のみ石積み復旧を行ったとしている。したがって、基本的に石垣の位置については当時のままであることがわかる。しかし、一部には旧規が判断されたものとして、形状復元されている部分があることも知られる。完全に復元修理された詳細な位置は次のとおりである。

伝黒金門跡では西北面の石垣と正面石段突き当たりに連なる櫓台石垣である。さらに伝長谷川邸跡の台地に至る側の石垣は昭和二十五年（一九五〇）ジェーン台風のときに崩れた部分で基礎コンクリート打を施し、地盤面までの高さに石垣を復元している。当時の写真と現況を比較してみると、残念ながら、ほぼすべて石の配置と形が変わっていることがわかる。したがって、石垣はすべて昭和のものということになる。ただ、伝黒金門跡の虎口の形だけは築城当時から変化していないようである。

次に伝二の丸跡と伝二の丸下帯郭《おびくるわ》である。ここでは伝二の丸跡の石垣そのものには手をつけなかったが、帯郭外郭の石塁・隅櫓部、伝二の丸跡に登る階段などが新たにつくられている。

このように、城郭研究でもよく取り扱われる有名な伝黒金門跡の枡形虎口の石垣やその周囲の石垣のほとんどすべてが、残念ながら昭和に積まれたものであることを学問上、十分認識しなければならない結果となっている。

昭和四十年～五十年の石垣修理工事

ついで、昭和四十年（一九六五）～五十年にかけて実施された大がかりな石垣修理について見てみたい。これは本丸石垣修理の第二次工事ともいえるものである。修理工事が実施された範囲は天主付台の東高石垣、伝搦手口《からめてぐち》桝形《ますがた》虎口《こぐち》の石垣、伝二の丸跡の高石垣、本丸南虎口の石垣、本丸南辺石塁、伝煙硝蔵《えんしょうぐら》石塁である。工事の内容については、崩れた天端までを揃えた新規積み、抜け石補填、全面解体修理などであった。

当時は事前の発掘調査や写真や図面による正確な記録が行われていないので、現地ではどこまでが本物でどこまでが復元なのかを区別することができないような状況になっている。ただ、石垣の基底部の位置関係は当時のそれを示していると考えられるので、全体的な縄張り構造については当初と変化がないものと考えてよいかもしれない。しかし、上部までの形を含めた全体的な様子については反《そ》りを入れたりとかなり主観的に復元されているところがあるので、これらの範囲での現在の姿が当時の景観を示しているという先入観でみていると、正しい城の姿を見誤る可能性がある。この範囲の石垣は残念ながら昭和につくられたものとし、必ずしも一〇〇％正しいとは言い切れない。この部分も学問上正しく認識しなければならないであろう。

以上のように、過去の調査と修理の結果から判断していくと、われわれが天主を含む主郭部と称している郭を構成している石垣については、かなり後世に手が加えられていることがわかる。基本的には石垣のある場所の平面の形態は当初の様子を示していると考えられるが、未調査部分においては依然、現況が築城当時の姿を示しているのかどうか判断を下すことは難しい。天主台と伝二の丸跡の石垣を除く、今見ることのできる本丸周辺の石垣のすべてが、昭和三十年代以降に新たに積み直された昭和に積まれた復元石垣だからである。研究にあたってはこのことを前提としてとらえなければならないのである。

修理工事から学ぶこと

さて、これは余談であるが、見学された折に記念写真などを撮影する際は、天主台の石垣か伝二の丸跡の石垣で撮ることをおすすめしたい。これこそが、信長が天正四年（一五七六）に築いた唯一の石垣だからである。

信長の居城を掘る

調査と疑問

先にも述べたとおり、これまで信長の居宅であり政庁でもあった本城は、昭和十五年・十六年にすでに一度発掘調査が行われている。また、昭和三十年代以降には本丸周辺の石垣修理もすべて済ませていた。しかし、それですべてが解明されたわけではない。現在の研究者の目からすれば、これらの調査には数多くの疑問点があると感じられていたからである。天主にいたっては「中央の謎の穴」を含めて、まだその正確な構造は理解されていない。御殿では未調査部分が多く残されており、その正しい礎石の配置を示す図もできていない。これらを含めた本丸の全体も調査され明らかにされたことがなく、まだまだわからないことが多く、謎めいているのが現状である。少なくとも、安土山《あづちやま》の山頂部の高い石垣の内が信長の居城であることを研究者は認識しているが、その内部構造やそれぞれの機能や名称については伝説のみが一人歩きしている状況で、実際のところは真実の世界を明らかにするには至ってはいない。

これらのことをふまえて、先人の調査に対する疑問点の解消や、現存する遺構がどの程度当時の姿をとどめているかを主目的にして新たな発掘調査の計画がなされた。ここで信長の居城の謎解きをはじめる前に、まずその調査の結果から浮かび上がってくる疑問点を整理してみたい。発掘調査は「主要遺構確認調査」と名づけられ、平成七年（一九九五）から平成十二年までの六年間実施された。調査された地域は天主を中心とする地域で、本丸を東西南北の四つの地域にわけて調査されている。また、平成十一年度からは五八年ぶりに伝本丸御殿跡と天主台が調査され話題を呼んだ。いずれの発掘調査の結果も、これまでの近世的な城郭構造の理解だけでは解決しない安土城の奥深さを物語る結果となっている。安土城は、安土城独自の観点だけでしか解決しない特別な城なのである。

主郭南面の調査

主郭南面の調査は平成七年度に実施された。調査されたのは伝黒金門《でんくろがねもん》跡《あと》から本丸外周路を含む本丸南虎口《こぐち》の範囲である。調査の結果、伝黒金門跡に進入する石階段が昭和初期に建造されたものであることが判明した。門の礎石と

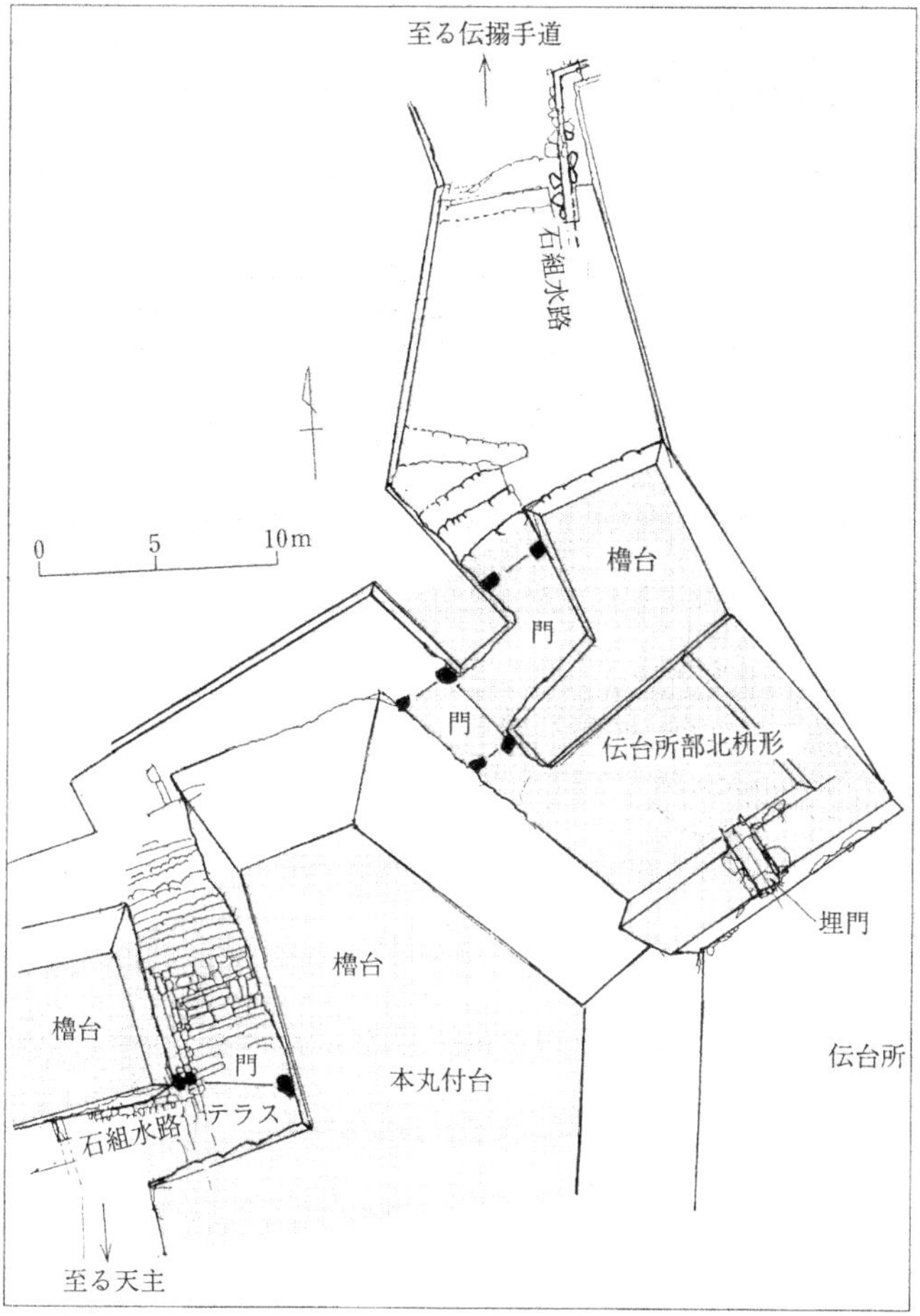

図18　天主付台北東面入口付近遺構図（『発掘調査報告書』6より，アミ部は建物の推定範囲）

図19　伝台所跡周辺で検出した重層構造を示す礎石と石塁
（滋賀県安土城郭調査研究所『安土城　1989～1998』より）

石垣の基底部については移動していないようであるが、門の全体構造を復元するだけの資料を得るには至っていない。また、門跡の下からは二度にわたる焼けた瓦の堆積が発見されており、一度目がかなり早い段階（豊臣秀吉によるものか？）の火事場整理であることが考えられた。礎石や石垣、出土遺物からこの門は全焼しているようである。

特に新たな発見としては門の南《みなみ》裾《すそ》に築城当時の石垣が発見されたことである。このことから貞享《じょうきょう》四年（一六八七）に作成された古城図にある黒金門の方向が一致しないこと

図20　伝煙硝蔵跡集積瓦（滋賀県安土城郭調査研究所『安土城　1989～1998』より）

になり、絵図の虎口構造が誤記であることがわかった。さらに門進入部の階段下に踊り場が発見され、そこに本丸周回路から伸びる道がとりつくことが新たに発見された。

主郭東面の調査

主郭南面の調査は平成八年度に実施された。調査は伝堀秀治《ほりひではる》邸跡と伝米蔵《こめぐら》跡、伝硝煙蔵《しょうえんぐら》跡の調査が実施された。結果、伝堀秀治邸跡で枡形虎口《ますがたこぐち》の門と郭内から建物の存在が確認された。伝米蔵からは門跡と礎石が発見されている。特に伝米蔵跡からは多量の焼け落ちた建物の瓦が発見されており、この中から最古の城郭鯱瓦《しゃちがわら》が発見されている。伝硝煙蔵跡の調査では、蔵を囲う石垣がすべて昭和の積み直しであることが確認された。

また、郭の内部からは形態ごとに一〇枚ずつ積み上げられた瓦が発見された。発見された瓦が規格・枚数ごとに丁寧に並べられていた状況から考えて、建設途中の使用瓦もしくは建築後の差し換え用のストック瓦と考えられる。したがって、この場所は硝煙蔵ではなく作事小屋《さくじ》もしくは建築物資の倉庫である可能性がでてきたのである。調査の結果から伝米蔵跡、伝硝煙蔵跡という推定には何の根拠もないことが確認された。

主郭西面の調査

主郭西面の調査は平成十年度に実施された。調査は伝二の丸下帯郭《おびくるわ》、伝長谷川邸跡、本丸西虎口周辺の範囲が実施された。調査の結果、伝

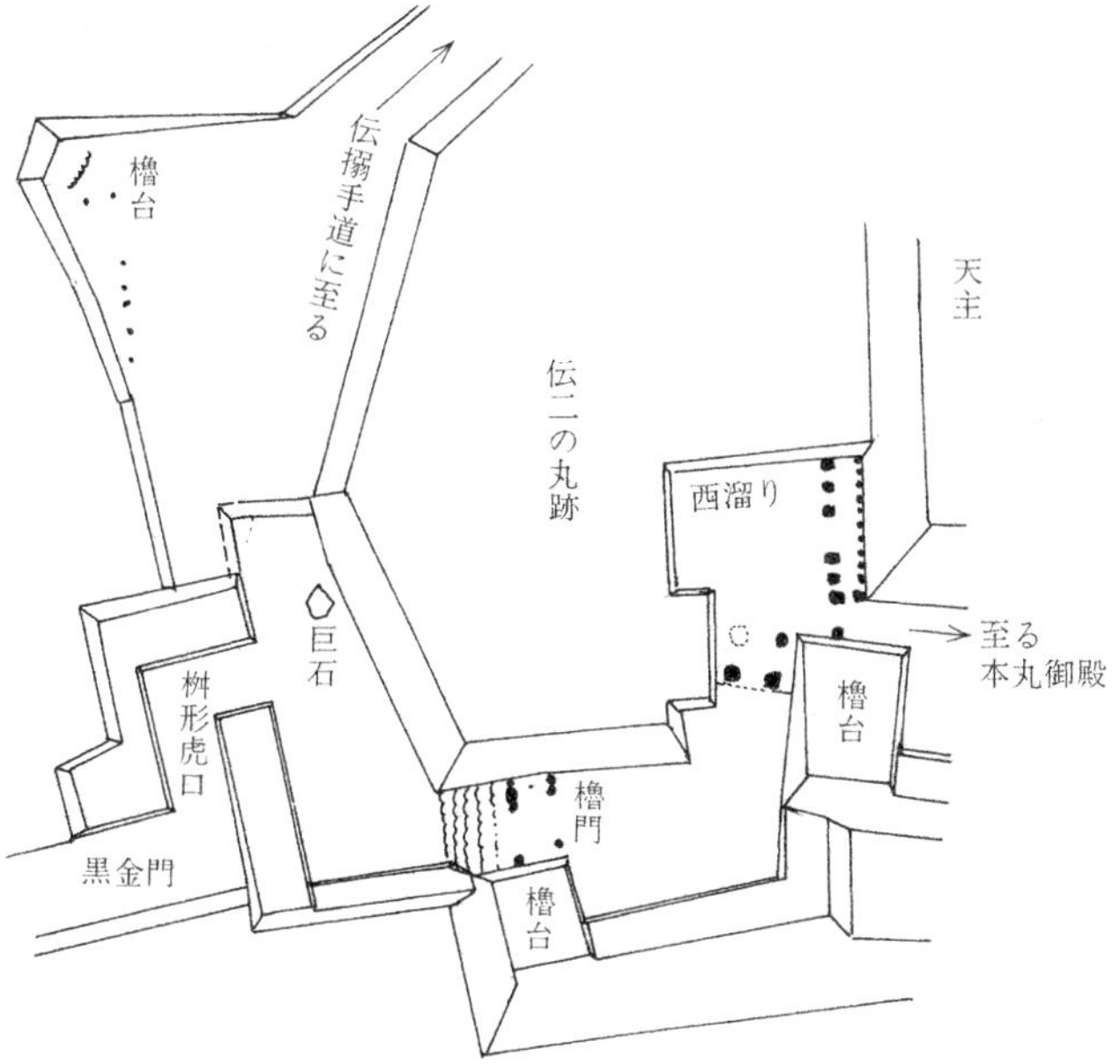

図21　二の丸下帯部遺構平面図（『発掘調査報告書』6に加筆）

二の丸下帯郭内で用途不明の畳一畳くらいある巨石が発見された。また、南端では郭の排水を行う暗渠《あんきょ》が発見されている。郭の途中を仕切る門跡では従来高麗門《こうらいもん》と考えられていたものが礎石の配列から櫓門《やぐらもん》であることがわかった。礎石と石垣の焼けただれた状況からこの門は焼失していることもわかったのである。伝長谷川邸跡では北東隅から隅櫓と考えられる礎石群が発見された。また、伝二の丸跡裾を巡る道跡も確認されている。さらに、本丸西虎口の調査では門が櫓門であることが確認された。

この門内の枡形からは焼け落ちた建物跡が発見された。この建物は天主に接するように建てられており、半間《はんげん》間隔で礎石が配置されていたものである。その内側には一間の距離を置き内壁が立っており、礎石上からは焼け残った柱や根太《ねだ》材が炭化した状況で発見された。調査範囲が全体の三分の一ということもあり全体の正確な構造はわかっていないが、天主の南西隅にあたる部分に半間間隔で大きな柱が立ててあること、寄掛け柱の焼けた痕跡が天主台石垣に認められること、柱の大きさから、この建物は二階建て以上の重量のある大規模な建物になると考えられる。おそらく、二階部は伝二の丸跡と同一フロアーとなるような一体形の建物と考えられる。場合によっては天主の張出しも考えられるであろう。

調査地には多量の焼けた屋根瓦が、焼け落ちたままの姿で堆積していた様子がうかがえ、

図22　天主から焼け落ちた瓦（二の丸東溜まり，滋賀県安土城郭調査研究所『安土城　1989～1998』より）

図23　炭化した建築部材などの検出状況（二の丸東溜まり，滋賀県安土城郭調査研究所『安土城　1989～1998』より）

調査開始以来はじめて天正十年（一五八二）の生々しい焼失状況を調査するという大発見になった。またここからは、最古の黄瀬戸《きせと》と考えられている生け花に使用される巨大な立花用の薄端《うすばた》や十能《じゅうのう》や鋤鍬《すきくわ》が出土しており、建物の一階部分は本丸の地鎮祭《じちんさい》に使用した物が収納されていた蔵ではなかったかと私は個人的にそう考えている。

主郭北面の調査

主郭北面の調査は平成九年度に実施された。調査は伝台所跡である。調査の結果、ここでは漆喰《しっくい》タタキの土間と竈《かまど》跡、流し台跡などが発見されている。出土遺物のうち土器類の多くは何皿かずつ重ねられたままで、焼けて融着した姿で発見されており、食器の保管の様子がうかがえるものであった。また、唐櫃《からびつ》の飾り金具と考えられる魚子《ななこ》打桐紋金具も発見されている。

この台所郭への入り口は二つありそれが調査されている。ひとつは、搦手門側の門の外にある枡形から入る方法である。ここからは、埋門《うずみもん》を通ることになり、門を二重にくぐる様子が発見されている。物資を運び込む外部からの進入を阻むため堅牢につくられていたようである。もうひとつは、本丸北門御殿側から櫓門を通る方法である。この入り口は御殿に直結しており、直接食事を御殿に運び込めるようになっている。ここでも門跡が発見されている。いずれにしても台所郭は天主や御殿の遥か下に位置しているので、かなり

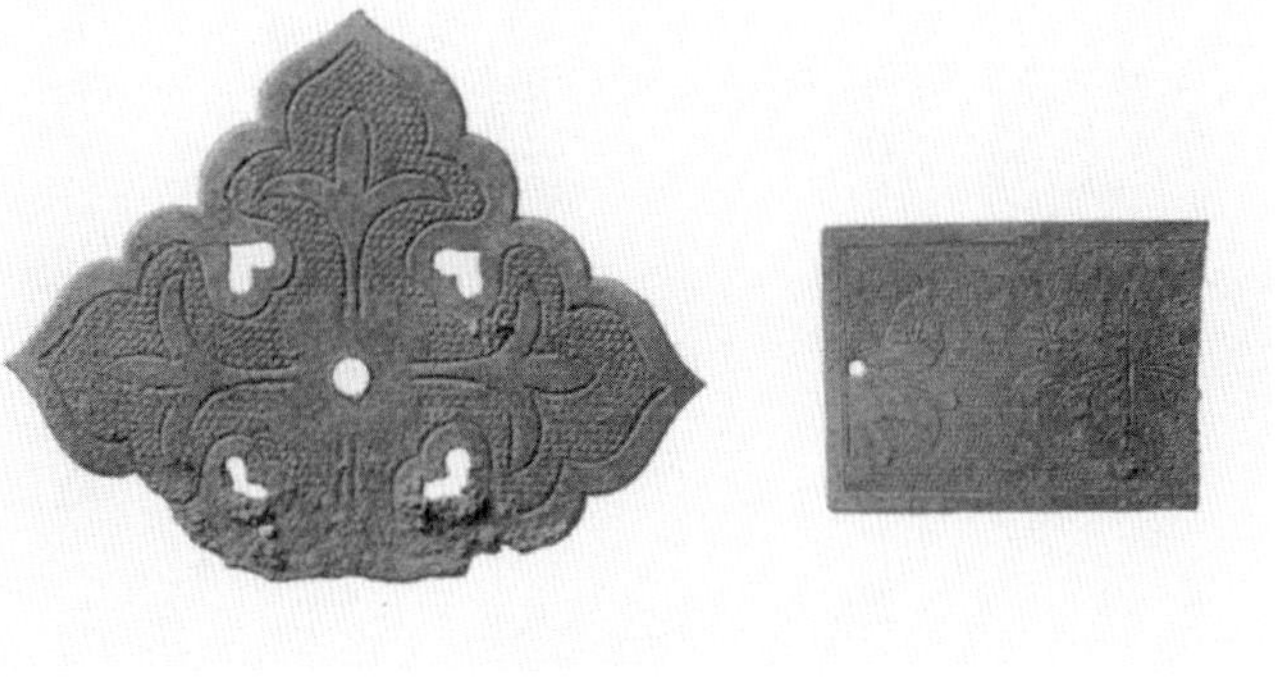

図24　伝台所跡出土飾り金具（滋賀県安土城郭調査研究所『安土城　1989～1998』より）

図25　二の丸東溜まり出土黄瀬戸（滋賀県安土城郭調査研究所『安土城　1989～1998』より）

図26　二の丸東溜まり出土鉄製土工具（十能，滋賀県安土城郭調査研究所『安土城　1989～1998』より）

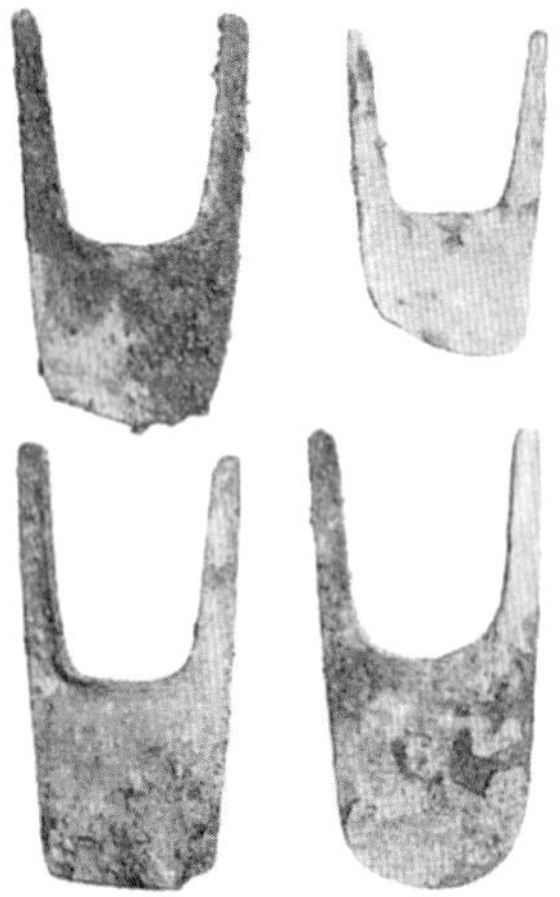

図27　二の丸東溜まり出土鉄製土工具（鍬先，滋賀県安土城郭調査研究所『安土城　1989～1998』より）

の距離を経て配膳されていたことがわかる。

本丸御殿跡の調査

ここは一度、昭和に発掘が実施されたところである。ただ前述したように未調査の範囲がかなりあることがわかっていたので、その部分を含めて全域が平成十一年に再度発掘調査された。未調査区域では、建物の北端を限る礎石列や葛石《かずらいし》の確認や石組み雨落ち溝、石組み枡《ます》などが新たに発見されている。また、東にあたる伝三の丸側の未調査区でも礎石列や葛石と雨落ち溝や石組み枡、庭に埋設された笏谷《しゃくたに》石製容器などが発見されている。御殿中心部ではこれまで発見されていた礎石に加え新たな礎石が発見されたり、抜かれて持ち去られた礎石の跡等がひとつひとつ丹念に調査され判定が加えられた。これにより建物の完全な礎石配置を知ることができるようになったのである。

これをみると昭和に報告された御殿跡の平面図は不完全だったと言わざるをえないであろう。その結果、御殿は礎石の配置からみて三棟の大きな建物で構成されていることがわかった。柱と柱の間の寸法は七尺二寸もあった。これは御所の建物と同じクラスであることが報告されている。藤村泉氏の復元では、秀吉の建てた御所の清涼殿《せいりようでん》に平面形態が似ていることから、信長が建てたこの行幸御殿を模したのが秀吉の建てた御所の清涼殿とされた。ちまたでは、さも、清涼殿が発見されたかのような報道がなされたが、清涼殿は御所に一つきりしかないものである。したがって、たとえその形が似ていたとしても、これは決して清涼殿ではないのである。まだまだ建物の復元には論議が残っているが、今後の研究は建築史学にゆずるとして、ここに大規模な三棟からなる建物が築かれていたという事実がこの発掘調査で明確になったのである。

天主台の調査

平成十二年（二〇〇〇）に五八年ぶりに天主跡の発掘調査が実施された。

これまで天主の復元にあたっては五八年前に製作された天主跡の実測図が使用されていたが、かなり不備な点が認められていたので、これを補正し現時点での正しい測量図を作成することや、天主台の構造や礎石の配置状況、中央の「謎の穴」の解明をすることを目的に発掘調査が行われた。

調査の結果、現在の地表面の直下から堅く叩き締められた遺構面が確認された。この遺構面はところどころ赤く焼けただれていて、でこぼこしていた。これはおそらく焼失による床面の損傷と考えられ、火災の激しさを物語っている。礎石は現状で認められる以外にも添え柱的な小さな石が新たに発見されている。これをどう使うのかは今後の研究にゆだねられるところであろう。中央の穴からは新たな発見は認められなかった。調査の状況と

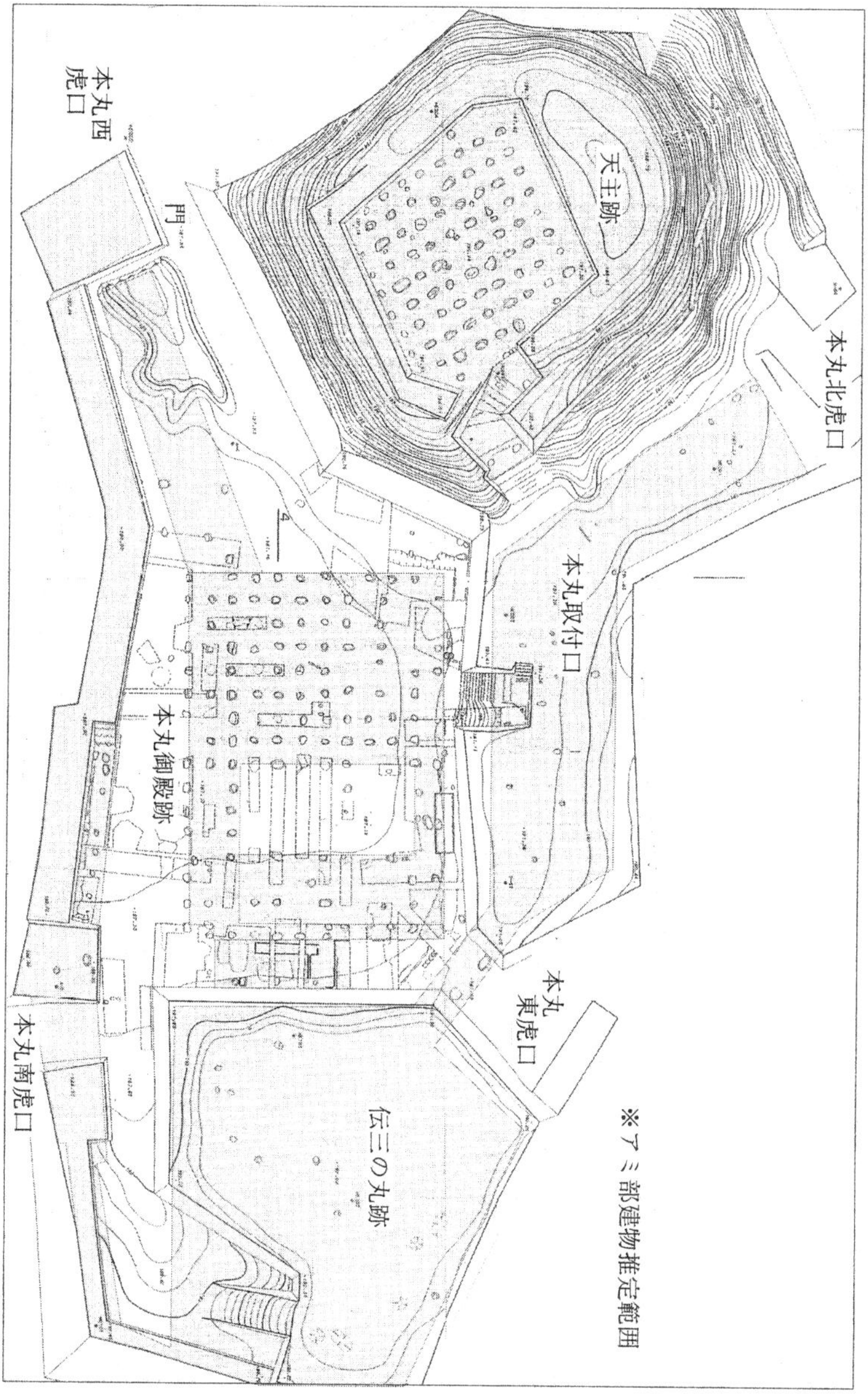

図28　天主・本丸平面図（平成13年，『発掘調査報告書』11より）

しては掘立柱の柱穴の可能性がもっとも高いといえるであろう。また、昭和の調査で発見されていた備前《びぜん》の甕《かめ》の破片は天主とは無関係であることもわかった。おそらくは、焼失時もしくはそれ以後に甕の一部の破片が落ち込んだだけの物を当時誤認したのであった。甕が埋められたり据えられた様子はまったく発見されなかったのである。

その他、天主台の物理的探査により、天主台が山頂部の岩盤を切り取り、周囲に若干盛土をしながら天主台の石垣を積み上げて穴蔵を作り上げていることがわかった。織豊《しょくほう》系城郭によく認められるような、礎石下の栗石敷《ぐりいしじき》はまったく認められなかったのである。ましてや天主台の下に蛇石《じゃいし》が埋設されているのではという憶測も単なる憶測にしかすぎなかったことが証明された。そして、これらの本丸・天主の調査と測量により本丸周辺部の正確な図面が作成されたのである。これによって、ようやく天主の復元の考証が正確にはじめられるようになった。天主研究はこれからはじまるのである。調査の最大の成果はここにあるかもしれない。

安土城の謎にせまる

文献資料に残された安土城

安土城を考えたり説明を加えたりする場合、知らず知らずのうちにわれわれは通常いくつかの名称を使用していることに気がつく。ところがこれらの名称については必ずしも正しい歴史的な用語ばかりだとはいえない。なぜならば、場所と名称が一致していなかったり、伝承を信じたり、いまある姿から想定する名称を便宜的に使用したりしているからである。時代とともに事実と想像がだんだんと混同されるようになり今に至っている。それが現状なのである。

これは研究においてもそうである。ここでは、どの部分にどのような問題があるのかを文献から振り返りながら、安土城の天主・本丸の構造を考えるうえで根幹となる用語の問題について整理しておきたい。

『信長公記』から考える

信長の伝記として同時代性が高く信憑性《しんぴょうせい》の高い『信長公記《しんちょうこうき》』では、山の建設の様子や天主の内部について詳しく記されている部分がある。とはいいながら、実は安土天主をめぐる周辺の状況や城の構造については細部が克明に記されたところは一ヵ所もないのである。なぜなら安土山の構造を解説するために遺された資料ではないからである。ここでは、書き残された天主周辺の建物に言及している三ヵ所についてみていこう。

まず、天正六年（一五七七）正月の項である。これは信長が天正五年に完成したとし、移徙《いし》した天主と御殿を観覧させるために家臣を「御殿御座所」へ呼んでいる。ここにある「御殿御座所」がどの部分を指すのかは不明であるが、少なくとも御殿に信長の御座所（『信長公記』にはこれ以外にも信長の居所の表現として使用されている）があったことがわかる。重要なポイントは信長の御殿＝信長の御座所であるということである。

次に、天正十年正月朔日《さくじつ》の項である。ここでは安土城の完成を祝い家臣らにお披露目をしている場面である。繰り返し引用される有名な部分でもあり、重要な個所なので、少し長くなるが引用してみたい。

「惣見寺毘沙門堂《そうけんじびしやもん》御舞台見物申し、おもての御門より三の御門の内、御殿主の下、御白洲まで（中略）各階道をあがり、御座敷の内へめされ、忝《かたじけ》なくも御幸の御間拝見なさせられ候なり。御馬廻・甲賀衆など御白洲へめされ、暫時逗留《ざんじとうりゆう》の処《ところ》、御白洲にて皆々ひゑ候はんの間、南殿へ罷上《まかりのぼ》り、江雲寺《こううんじ》御殿を見物　仕《つかまつり》　候へと上意にて、拝見申候なり（中略）是《これ》より御廊下続きに参り、御幸の御間拝見仕候へと（中略）御廊下より御幸の御間、元来檜皮葺《ひわだぶき》、（中略）正面より二間の奥に、皇居の間と覚しくて、御簾《みす》の内に一段高く、（中略）東へ続ひて御座敷、幾間もこれあり。（中略）御幸間の御間拝見の後、初めて参り候御白洲へ罷下り候処に、御台所の口へ祗候《しこう》候へと上意にて、御厩の口に立たせられ、（下略）」とある。

ここからわかることは、摠見寺《そうけんじ》毘沙門堂舞台を見て、摠見寺を通り抜けると、「表の御門」があること、「三の御門」の内に御殿主があり、御白洲に至ることである。当然、表の門と三の門の間には二の門があることも推察できる。さらにまず、一門衆と他国衆は三の門の内、御殿主の下、御白洲から階道に上げられるのである。その道筋は「階道」をあがり、座敷の内に至っている。この座敷は御幸の間と呼ばれているところである。「階道」は「きだはし」と読み、木階段を指す。だから、ここはすでに建物の中であることがわかる。

また、馬廻と甲賀衆は別に「御白洲」から「南殿」にあがり、「南殿」からさらに「江雲寺御殿」を見物している。「南殿」は「なんでん」と読むのか「なでん」と読むのか問題が残るところである。古代より南殿は南を正面にして建つ建物で正殿を表す。また、「なでん」と読む場合は紫宸殿《ししんでん》を表す。いずれにしても、ここからこの建物が儀礼的な建物であることが想像できるであろう。江雲寺については、江雲寺という名が六角定頼《ろっかくさだより》の入道号であり、佐々木六角氏の菩提寺といわれている。これが正しければ、信長は三の門の内に六角定頼の菩提寺であった江雲寺の建物を移築していたことになる。

さらに南殿、江雲寺御殿から廊下続きに御幸間に入っている。ここで違う二つのルートから「御幸の間」へ向かうことができることがわかる。「御幸の間」は檜皮葺きの建物で、正面から二間奥にさらに「皇居の間」という一段高い御簾の懸かった部屋がある。当然のことながら、これは天皇が行幸したときのための御座所である。これによって、信長は安土城に天皇を迎えようとしたことが、はっきりと読みとれる。

これらの状況と、『信長公記』「天主の次第」に出てくる天主の内部構造に御幸の間の記載がないことから判断して、この「皇居の間」を含む御幸の間は三の門のうち天主以外の建物の中にあると判断できる。最後に再び白洲に戻ってくる馬廻たちは御白洲からさらに「台所口」と「御厩の口」に向かっている。

このように、『信長公記』の記述からは三の門内に「御殿」「御白洲」「南殿」「御幸の間」「皇居の間」「江雲寺御殿」「台所」「御厩」等の諸施設があり、それぞれが「階道」や「廊下」で繋がっていた一体型の建物であったことがわかる。

さて、三つ目の記載は、五月二十九日の信長最後の上洛時の記述である。ここには「安土本城御留守衆……、二丸御番衆……」と守備する場所に留守衆名が列挙されている。ここで注目すべきことは、本城と二の丸とに別々に記されている点である。つまり留守を守る場所として「本城」と「二の丸」と、二ヵ所の別のものがあるということである。本城を本丸とし、天主や御殿のあるところとすると、本丸に付随する形で二の丸の位置が別にあるはずである。

『フロイス日本史』・『イエズス会日本年報』に見られる名称

次に外国人からみた安土山《あづちやま》の記録である。ここにおいてもいくつか城の様子が記載されている。まず、『フロイス日本史』（第三三章第一部八四章・第五三章第二部三二章、松田毅・川崎桃太郎訳）である。ここには安土山には「中央の山頂に宮殿と城を築いた」とし「信長の居城」があるとしている。そのうち天主を「七層の城」、御殿を「宮殿」として認識し、「宮殿」には「広間」があったと記す。これら城内には「多くの美しい豪華な邸宅を内部に有していた」と、いくつかの建物の存在も伝えている。天主については「真中には彼らが天守と呼ぶ一種の塔があり」「この塔は七層から成り、内部、外部ともに驚くほどの見事な建築技術によって造営された」とその様子を述べている。さらに「信長はこの城の一つの側に廊下で互いに続いた、自分の邸とは別の宮殿を造営した」ともあり、『信長公記』にみられる南殿や江雲寺御殿の存在を事実として裏づけている。また、付近には「食料庫の大きさ」、「多種の灌木《かんぼく》がある庭園の池、黒く漆で塗られた鉄が打ち込まれた扉」の存在や「上手の方には彼の娯楽用の馬の小屋があるが、そこには五、六頭の馬がいるだけであった。それは厩《うまや》であるとはいえ、きわめて清潔で、立派な構造であり、馬を休息させるところと言うよりは、むしろ身分の高い人たちの娯楽用の広間に類似していた」と台所や厩の存在もちゃんと伝えている。

また、『イエズス会日本年報』では、「三つの山のうち最も高い所に、信長は壮麗堅固なる城を築いて」、「立派なる城と宮殿とを建築した」とし「山頂には信長の城がある」と山頂にあるのが信長の城であることを明記している。ここには「宏大壮麗にして黄金の装飾をしたる家屋が立ち並び、その構造は人工の極みを尽くしたものと思われる。中央には一種の塔がある（中略）塔は七層楼《ろう》で内外とも驚くべき構造である」「この宮殿と七階を有する城の壮麗なることは（下略）」と御殿と天主の存在を伝えている。「信長の宮殿は甚だ高き山の頂上に在り、山は年中緑の立派なる樹木に満ちている。（中略）信長の邸宅は皆甚だ壮麗で、多く黄金を用い、正面の屋根瓦まで光っている」とその様子を克明に伝えていたのである。

『近江国蒲生郡安土古城図』の名称

「忘れ去られる安土城」の章で記したように（古城図の謎、一七ページ）本古図は、識語によれば、貞享四年（一六八七）当時の姿を示していると考えられている。古図にはたくさんの名称が書き入れられているが、その典拠はまったく不明である。おそらくは廃城一〇〇年後に伝えられていたものによっていると考えられる。ただ、現地や多くの書物で引用されている名称の多く

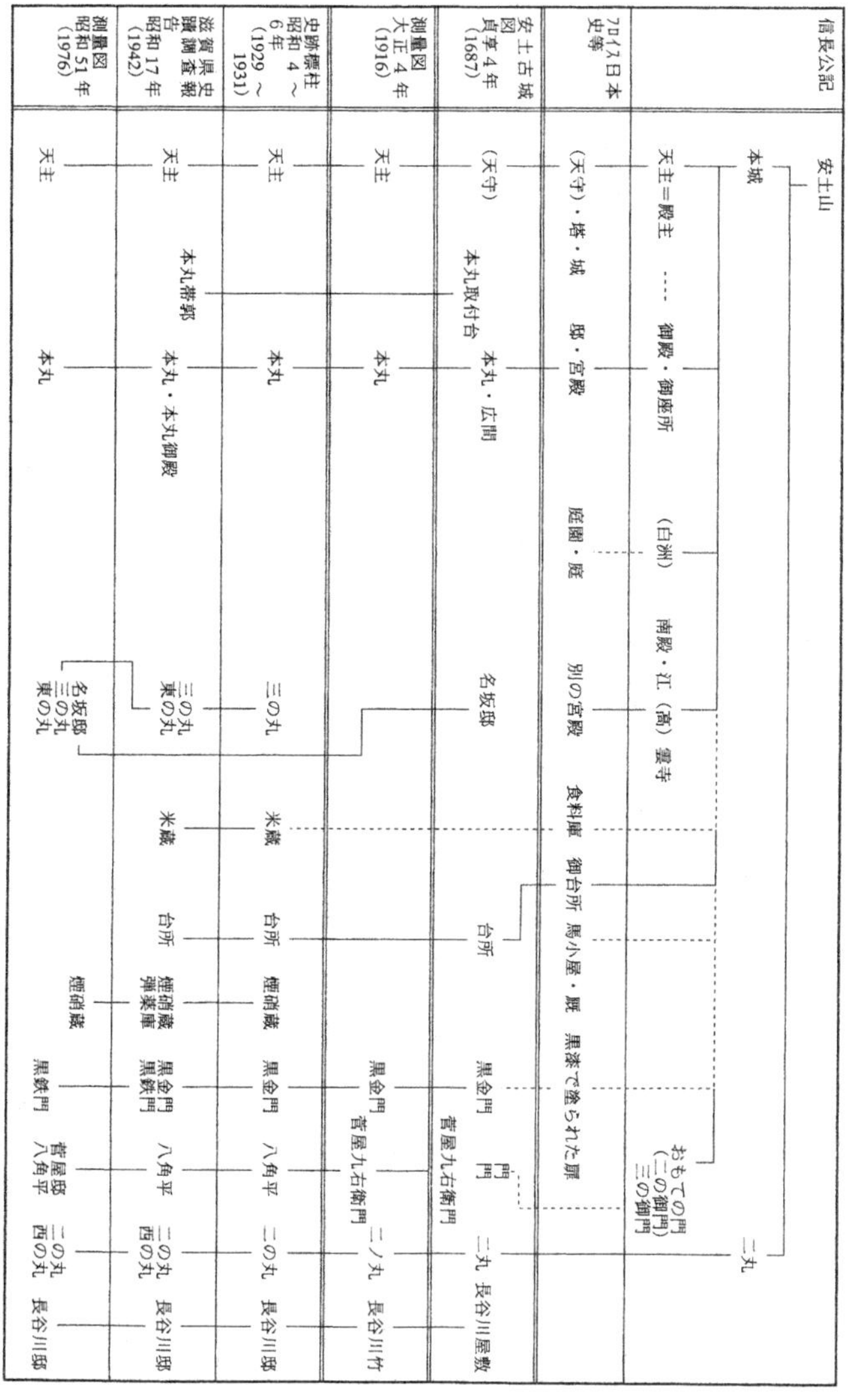
信長公記
安土山
本城
天主＝殿主
御殿・御座所
（白洲）
南殿・江（高）雲寺
おもての門（二の御門）三の御門
二丸
フロイス日本史等
（天守）・塔・城
邸・宮殿
庭園・庭
別の宮殿
食料庫
御台所
馬小屋・厩
黒漆で塗られた扉
安土古城図 貞享4年（1687）
（天守）
本丸取付台
本丸・広間
名坂邸
台所
黒金門
門
門
菅屋九右衛門
二丸
長谷川屋敷
測量図 大正4年（1916）
天主
本丸
黒金門
菅屋九右衛門
二ノ丸
長谷川竹
史跡標柱 昭和4～6年（1929～1931）
天主
本丸
三の丸
米蔵
台所
煙硝蔵
黒金門
八角平
二の丸
長谷川邸
滋賀県史蹟調査報告 昭和17年（1942）
天主
本丸帯郭
本丸・本丸御殿
三の丸 東の丸
米蔵
台所
煙硝蔵 弾薬庫
黒金門 黒鉄門
八角平
二の丸 西の丸
長谷川邸
測量図 昭和51年（1976）
天主
本丸
名坂邸 三の丸 東の丸
煙硝蔵
黒鉄門
菅屋邸 八角平
二の丸 西の丸
長谷川邸

図29　名称の変遷

はここによっているものが多いので、ここで少し検討しておく。

信長の居城部だけに限ってみてみる。するとここには次のように名称が書き込まれていることがわかる。「天守」「本丸」「広間」「二丸」「台所」「菅屋九右衛門・同人」「名坂屋敷」「長谷川屋敷」「黒金門」などである。「天主」が「天守」という近世的な用語になっていることは説明した。これらの名称が貞享四年当時の考えを示していることも前述した。同時代性の高い『信長公記』や宣教師の伝聞には出てこない。「菅屋九右衛門・同人」「名坂屋敷」「長谷川屋敷」「黒金門」などについても、この古城図（貞享四年）以前の記録にはまったく現れないことがわかる。つまり、これらの名称がこの古図をスタート（図29参照）としているとしか考えられないのである。したがって、これら固有名詞はやはりすべて信憑性が薄いといわざるをえない。

新しく作られた名称の数々

さて、古城図以外にも、近年に入ってから生み出されたと考えられる名称がいくつもある。まず、大正四年（一九一五）に作成された測量図に記載されている名称である。その名称のうち「天主」「本丸」「二ノ丸」「菅屋九右衛門」「長谷川竹」「黒金門」などの名称は、明らかに古城図によっている。しかし、本来「長谷川屋敷」とすべきところを「長谷川竹」と名前をそのまま使用したり、

「二ノ丸」については、本来は「二丸」が正しいがこの時点で「二」と「丸」の間に「ノ」を入れ「二ノ丸」としている点などはこれ以後の名称の使用方法に少なからずこの測量図が影響を与えていることがわかる。

さらに、現在山には花崗岩質の石柱による名称標識が建てられているが、この昭和四〜六年に建立された石柱名称板は、「天主」（現在は遺失）、「本丸」（現在は遺失）、「二の丸」、「三の丸」、「台所」（現在は遺失）、「硝煙蔵」、「米蔵」（現在は遺失）、「長谷川邸」、「八角平」等の名称が使用されていて、位置も古城図によっていることがわかるのである。新たなる名称の出現や「二丸」は「二ノ丸」から「二の丸」へと変遷していることは、すべてこの時期による作為である。安土城を顕彰するために設置されたこれらの石標柱は結果として真実を知るうえでの強い混乱を招くことになるのは残念なことである。

さらに、『滋賀県史蹟調査報告』（昭和十七年）に使用されている名称についても、「天主」「本丸」「二の丸」「三の丸」「米蔵」「台所」「硝煙蔵」「黒金門」「長谷川邸」「八角平」と基本的に古城図の名称に昭和初期の石柱標識の名称をプラスし使用していることがわかる。さらに新たに増えたものとしては「本丸御殿」「本丸帯郭」「東の丸」「西の丸」「弾薬庫」「黒鉄門」などの本来どこにも無い新たな名称が追加されていることが固有名称のいっそうの混乱を招いている結果となっている。

昭和五十一年（一九七六）に作成された測量図は、これまでに生み出されてきたものも含めてすべての名称を総合して作成されたものであることがわかる。おそらくこれが現在一番利用されている名称の基本であろう。

以上のように文献からみた名称を検討し整理すると、いまわれわれが知ることのできる名称のうち、歴史的に事実性の高いものは「天主」「御殿」「殿主」「御白洲」「南殿・江雲寺御殿」「おもての御門」「三の御門」「二丸」だけであることがわかる。他に状況を示す名称としての「台所」「厩」「食料庫」「庭」を加えたくらいが最大であろう。裏を返せば古城図以後に認められる「菅屋九右衛門」「名坂屋敷」「長谷川屋敷」などの個人名称や、「三の丸」「黒金門」「台所」「硝煙蔵」「八角平」などの呼称はやはりすべて伝説であったり、新しい時代の造語と考えるほかないのである。

さて、それでは名称的に確実なこれらの施設はいったいどこにあるのか、それは発掘調査で発見されている遺構や現地とどういう関係にあるのか。これが次の研究の課題である。

本丸と天主――新たなる理解

ここでは、歴史的に確実な名称はいったい現地のどこを指し示しているのか、これまでの名称の比定は正しいのか、空間構成をどう理解するのが正しいのか、といった問題を、発掘調査の成果と照らし合わせながら総合的に判断したいと考えている。

「第一の閉じられた空間」＝「信長の居城」

「安土城」は歴史的にみて正しくない名称であることは先に説明したとおりである。当時、城は「安土山《あづちやま》」と呼ばれていた。したがって安土山全体を城として認識していたことは間違いないであろう。そのうち信長の住まいする居住区については、天主と御殿のある空間であることも『信長公記《しんちょうこうき》』等の文献資料から間違いがない。では、正確にどの範囲を信長の居住域施設と考えていたのであろうか。それは現地の様子が正確にその範囲を示している。塀《へい》や櫓《やぐら》などの城郭施設が乗っている、高石垣による外郭ライン（塁線）によって閉じられた空間が、それを示しているのである。ただし、塁線によって閉じられた空間には、ところどころとぎれている個所がある。虎口《こぐち》とそれに付随する門である。この重要性については後で述べることとして、先に山頂部の閉じられた範囲がどの部分なのかを考えてみたい。

まず、塁線は西の門虎口に当たる伝黒金門跡から北にのびている。そこから伝長谷川邸跡の下を経て、さらに北に帯状に長く続いていく。北の門虎口にたどりつく。ここは伝八角平跡との接点となっているところである。この鞍部《あんぶ》を挟んで塁線はさらに北に進んでいく。そして、そのまま伝八角平跡の外を北にまわりこみ北端の虎口にたどりつくのである。これより北の地域は山頂部の屋根が山の先端に向かっていくだけで、次のピークまで城郭施設は認められていないところである。そこからさらに塁線は東にのび伝八角平跡を取り巻く郭を構成する高石垣となる。そして伝八角平跡の鞍部に再び戻ってくる。この部分に伝搦手口道《からめてぐち》がとりついている。それから、再び本丸北の門虎口の外をまわりながら、伝米倉跡、伝硝煙蔵跡の外をまわって伝三の丸跡を構成する高石垣からそのまま南の門虎口（伝本丸裏虎口跡）の前を通りすぎて、出発点の西門虎口である伝黒金門跡に戻ってくるのである。このように山頂部に存在する高石垣で囲まれた最大の範囲がこれにあたる。とすれば『信長公記』で城本体は本丸＝本城と二丸で構成されていたことがわかっているので、この範囲に本丸と二丸が含まれているものと判断できるのである。したがって、これらの範囲のすべてが信長の居城だと考えられるのである。ここではこれを「第一の閉じられた空間」＝「信長の居城」としてとらえておきたい。

「第一の閉じられた空間」＝「信長の居城」の中にはさらに高石垣と門とによって閉じられた空間が存在する。

「第二の閉じられた空間」＝「本丸」

その空間の範囲は次のような範囲である。まず、本丸西虎口から伝二の丸跡と称される郭を構成する高石垣から西に向かい、そこから天主台の裾を北にまわりこむ。さらに道沿いに搦手口のある北虎口を挟んで本丸付け台と称される郭を構成する高石垣を西にまわり、東の虎口から伝三の丸跡の高石垣の裾から、南の門虎口にでる。そして、そこから再び西の門虎口に戻る範囲である。このなかに『信長公記』に見られる天主をはじめとする建物がすべて含まれるのである。したがって、ここが信長の居城のなかでも中心部をなす本丸と考えてよいであろう。

このように考えてくると、「第一の閉じられた空間」＝「信長の居城」から「第二の閉じ

番号	名　　称
①	天主
②	伝本丸跡
③	伝天主取り付け台
④	伝二の丸跡
⑤	伝三の丸跡
⑥	伝長谷川邸跡
⑦	伝台所跡
⑧	伝硝煙蔵跡
⑨	伝米蔵跡
⑩	伝黒金門跡
⑪	伝搦手門跡
⑫	御廟所

番号	名　　称
A	本丸南虎口
B	本丸東虎口
C	本丸西虎口
D	本丸北虎口
E	本丸周回路

番号	名　　称
☆	多聞櫓＋櫓門
★	櫓門
△	門

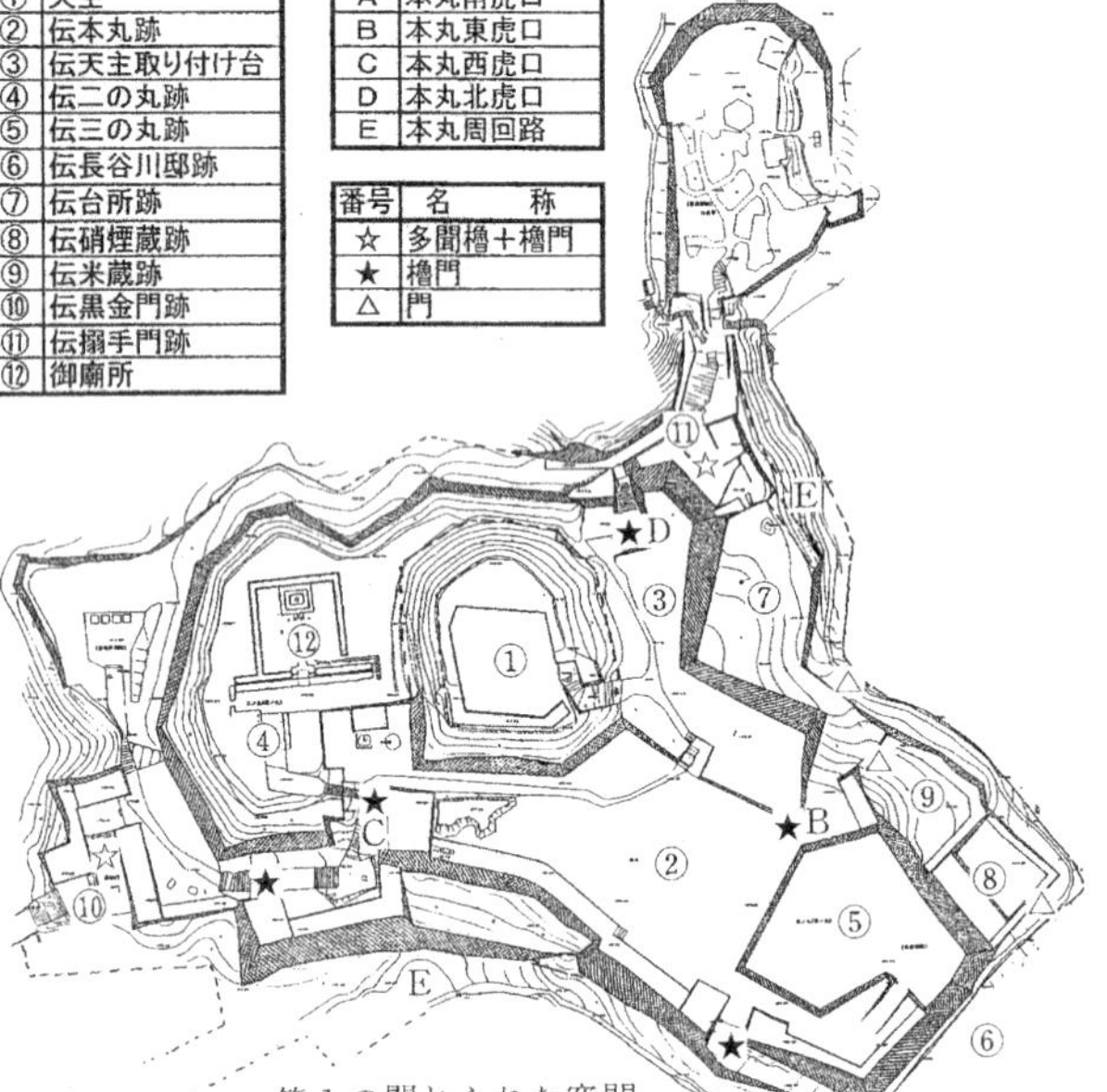

第１の閉じられた空間

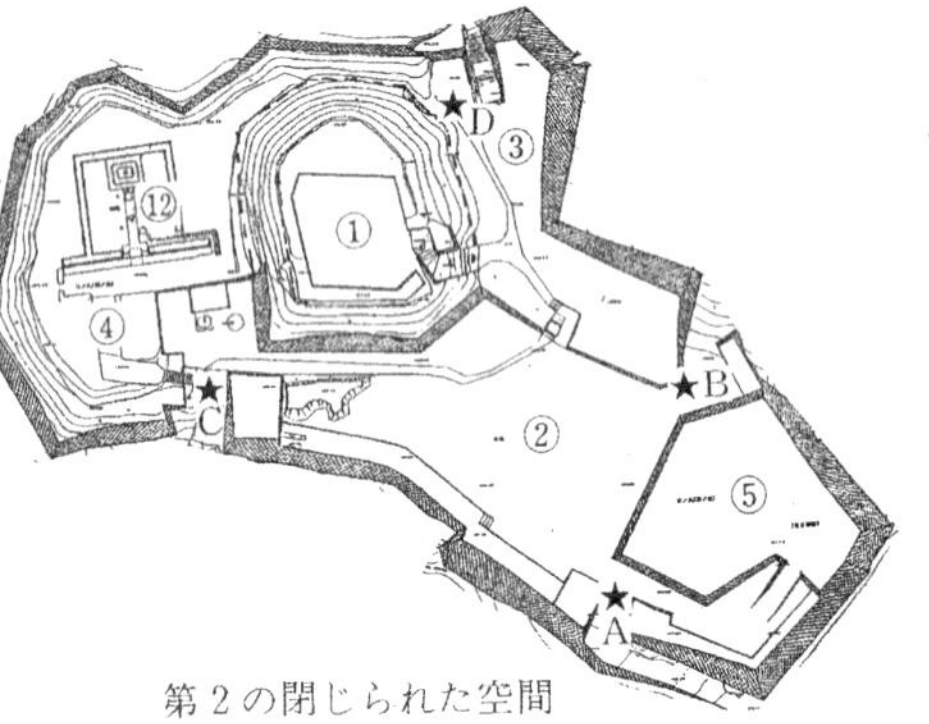

第２の閉じられた空間

図30　閉じられた第１・２の空間（本城と本丸・二の丸）

られた空間」＝「本丸」を引いた、残された空間＝「伝八角平跡」こそがすなわち、「二丸」である可能性が浮かび上がってくるのである。それを示している記事が『信長公記』に一ヵ所認められる。それは天正九年（一五八二）四月十日の記事である。その日信長は竹生《ちくぶ》島《しま》に参詣するために長浜《ながはま》に逗留していた。女房達は帰着しない城主を信じ、「二丸」や桑《くわ》実寺《のみでら》に遊びにでた。意に反し城に戻った信長は、その行為を怒り、彼女達を処罰したというのである。この「二丸まで出でられ」という記事からも、本丸から二丸が離れた位置にあったことがわかるのである。ただし、いまのところこれもひとつの案であることには違いがない。城郭の形態と残された文献のすりあわせから類推しただけなので今後もう少し検討が必要であろう。

したがって、これが第二の閉じられた本丸空間の外にある今いわれているような伝二の丸跡や伝三の丸跡の位置は考えられないことになる。二の丸は確かに、『信長公記』に認められものであるが、現在の本丸と二の丸との位置関係をつくったのは、おそらく貞享の古城図を根拠としているものと考えられる。貞享にあっても文献に認められる二の丸の比定にあたって、江戸時代の城郭の考えを元にして天主の下の郭に比定したのではないであろうか。これらはいずれも後の時代に研究考証されて位置づけられた結果ではないかと考えられる。さらに、伝三の丸跡にいたっては、用語自身が古図には「名坂邸《なさか》」となっていたものを昭和初期に三の丸と位置づけたことがわかっている。これは二の丸があれば三の丸があるだろうという近世城郭的な発想で生み出されたものだと考えられる。これらのことが先入観となり現代の研究のなかでも何ら疑うことなくこれらの用語が使用されていることに、もっとも深刻な問題があるといえるであろう。

本丸の構造とその理解

門と高石垣で閉じられた第一の空間のなかには、さらに三つの空間がある。ひとつは本丸の西に広がる本丸西帯郭《おびくるわ》の空間である。また、ひとつは本丸の東に広がる本丸東帯郭の空間である。最後は本丸の中心部である。まず、本丸西帯郭である。このなかはさらに二つの空間で構成されている。

ひとつは古図等で「長谷川邸」とされる部分で、現在は織田家の墓所となっているが、発掘調査では隅櫓と通路が発見されている。この郭のもつ意味は本丸中心部を通らずに搦手口へ向かえるという通路施設とバイパス機能にあると考えられる。したがって、伝長谷川邸と称していた西に突出する郭部はこの帯郭通路を防御するための櫓施設と、さらには通路を確保するための番所と考えられるのである。

また、ひとつは本丸西門虎口に前に展開する空間である。この部分は本丸西の門虎口の

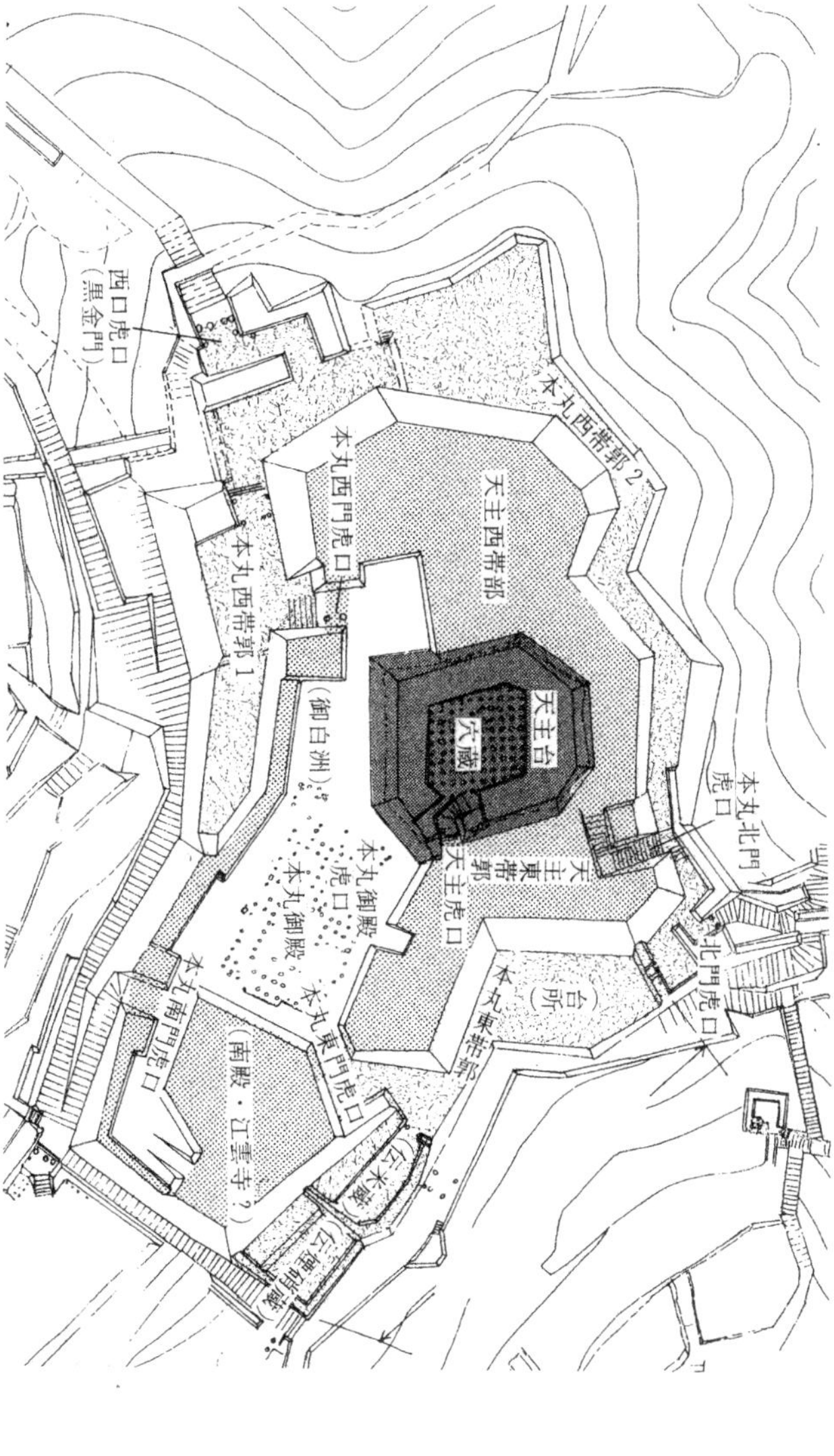

図31　本丸空間構成図（アミは同一空間レベルを示す）

前庭部と考えられる部分である。ここは、さらに郭の間にある櫓門によって二つの空間に仕切られている。つまり、伝黒金門内には伝二の丸跡石垣の前に溜まりの空間があり、次の櫓門を通らなければ本丸の西門にたどり着けないような二重の防御空間となっているのである。これは結論ではないが、仮に伝黒金門跡を「おもての御門」に比定すれば次の櫓門が「二の門」となり、本丸の西門が「三の門」となる。三の門の内に御殿があるとするこれらの位置関係は『信長公記』の記載に合致する。このように考えると、これらの空間は、百々橋口道《とどばしぐち》（山下町《さんげちょう》側）から進入してくる際の、防御的空間として作られた本丸西部を構成する帯郭として考えてよいであろう。

次に本丸の東に広がる東帯郭である。ここについては、従来から台所、伝米蔵、伝煙硝蔵等の施設が想定されていた場所である。この場所については発掘調査の結果、伝台所郭跡からは竈《かまど》施設や洗い場施設が発見されているので、この点からもやはり台所であったといえる。ただし、伝米蔵については、礎石が確認できているが建物施設の性格は特定できていない。伝煙硝蔵については、石塁囲いである形状から推定して伝煙硝蔵とされてきたが、残念ながら発掘調査で石塁囲いは昭和の石垣であり、郭の機能としては作所《さくじょ》のような施設を想定する必要性があるようである。ここから類推すると『信長公記』の記載にみられる台所の存在は明確であるので、台所に隣接しているのが厩であるとすると、伝米蔵跡は厩である可能性が最も高いといえる。

いずれにしても、これら本丸中心部を取り巻く二つの帯郭群は、本丸中心部を防御する施設や付属施設としての機能をもたされており、本丸中心部にとって重要な施設が配置されていたことがわかるのである。

虎口と門の重要性

さて、防御ラインとして重要な外郭ラインの構成は明らかになった。しかし、塁線《るいせん》で防御することができても、自らそのなかに出入りできないのでは問題にならない。よって、必ずどこかに虎口が設けられることになる。それが門で閉じることのできる虎口である。空間とともに虎口が重要なのは、虎口の前に必ず道が続き、そこが城へのアプローチになっていて外と内をつなぐ唯一の空間になるからである。城としては、もっとも厳重にしなければならない場所になる。したがって、虎口の位置と構造、道との関わりが城の重要な性格を語ってくれるのである。

では、安土城の場合はどうなっているであろうか。まず、大外にあたる「第一の閉じられた空間」の虎口の構造とアプローチについて見てみよう。この空間には虎口が北・南・西と三つつくられている。このうち北の虎口である伝搦手口跡と西の虎口である伝黒金門跡が桝形虎口として築かれている。これはいずれも二折れして入るタイプの虎口である。これに反し、本来であれば同じ外郭ラインであるから、桝形でなければならない南の本丸虎口だけは桝形ではなく平虎口で入るのである。しかも、この南虎口は次の「第二の閉じられた空間」の入り口とも共有している。つまり、南虎口は外郭の入り口だけではなく本丸の入り口と共有しているので、北と西の虎口はふた折れの桝形虎口をくぐり、帯郭に入ってからさらに櫓門をくぐらなければ本丸内へ入れなかったことになる。

このように防御性を高めているにもかかわらず、なぜもっとも大切であるはずの本丸御殿（南殿）の南門に、この先進的な形態で防御性の高い枡形虎口を採用せずに古典的な相坂からの平虎口にしているのであろうかという疑問がのこる。この意識は必ずしも防御性の高い虎口が重要な位置を占めているのではないことを示している。虎口の形態が防御性を示していないとするならば、それが虎口の性格が違うということを示しているといえる。その性格の違いの答えは虎口の先に続いている道が示している。発掘調査では、これまで正面玄関だと考えられていた西の虎口である伝黒金門が実は大手道には繋がっていず、麓から続く七曲がり道や旧摠見寺の境内裏にしか繋がっていないことがわかっている。この門は山下町《さんげちょう》から家臣達が登ってくる道にしか繋がっていない。また、西虎口内の本丸西帯郭空間は本丸西門前の空間を構成すると共に本丸内部を通らずに二の丸へ向かうことのできる通路を兼ねていることもわかっている。逆に、北虎口は右に向かうと本丸西帯郭を通り西虎口への通路となっている。しかも、左には埋門《うずみもん》で固められた本丸東帯郭空間が広がっており、そこから本丸東虎口に入れるようになっている。南以外はすべて帯郭という付属施設のために作られているからである。このように各々の虎口・門は形態以上に部位での重要な役割を担っているのである。

さて、これら虎口で守られた「第一の閉じられた空間」の内にある「第二の閉じられた空間」はさらに東西南北四つの門で守られている。これらの虎口の内は天主を含む本丸の重要な施設が存在する空間である。西・南・東の虎口は本丸御殿の空間に直結し、西・東虎口は前部に帯郭が付き、南虎口は「第一の閉じられた空間」の虎口も共有していることは先にも述べたとおりである。北虎口のみは帯郭空間を挟むこととついて南・東虎口と相違ないが、西・南・東虎口とは違い本丸御殿のある空間より一段高い天主帯郭のレベルに直結している点が重要である。したがって、この虎口は本丸東西帯郭と二の丸を意識した虎口であると考えられる。

このように見ていくと城内の要所を守る虎口と門は高石垣と共に一つの空間を閉じたも

のとして成立させていることがわかる。また、閉じられた空間には帯郭を中心とする通路と建物じたいを通路とするまったく違う別の意識の場があることがわかる。本城における虎口は通路の入口であり、次の空間への入り口を構成する重要な施設であることもわかるのである。虎口形態以上に大切なのは空間を構成する虎口と道等の位置関係と空間構成なのである。

本丸中心部の構造

もっとも東西南北の四つの門で閉じられた空間である本丸は、城のなかで中枢をなす部分である。ここには天主を取り巻くように、様々な建物が配置されていた重要な場所で、『信長公記』にみられる「白洲」「殿主」「南殿」「江雲寺御殿」等の建物はすべてこの範囲に存在すると考えられる。本丸の空間構成を考えるにあたっては、各建物の高さが重要な要素であると考えている。山の中でもっとも高い位置にあるのはもちろん天主台である。安土山の最高峰は信長の御座所がある天主の最上階でありこの城の頂点ともいえる場所である。これについては、反論はないであろう。

問題は残る二つの空間である。ひとつはほぼ同じ高さにある「天主取付台」と「伝二の丸跡」、「伝三の丸跡」である。これらの敷地は天主に次いで高い同一平面上にある。これらをひとつの面的空間として考えるなら、ここに天主を取り巻くような付属施設としてかなり大規模な建物群があったと想定できる。このうち、天主の東側にある長いL字の郭が天主取付台である。発掘調査では多聞櫓《たもんやぐら》と考えられる長い建物の存在が確認されている。さらに伝三の丸跡にも大きな建物の存在が確認されている。天主取付台と伝三の丸跡とは本丸東門である櫓門を廊下橋として繋げる櫓門も発見されている。これらは廊下で行き来できる一体型の建物だったようである。取付台の建物と伝本丸御殿とは建物軸を違えているが、伝三の丸跡の建物と伝本丸御殿とは建物軸がぴったりと一致していることから、本丸御殿と伝三の丸が二階部分で棟続きであった可能性も考えられるのである。

さて、天主から見てもっとも低い位置にあるのが、伝本丸御殿跡の空間である。ここでは大きな清涼殿に酷似すると推定された御殿跡が発見されていることは、先に述べたとおりである。しかし、名称に対する根拠はまったくない。

記録に残る建物の比定

では、最後にここに述べたことを総合して記録に残された建物がいったいこれらのどの部分に比定できるのか、考えてみたい。天主についてはその位置を疑うべきところは微塵《みじん》もない。したがって、『信長公記』にみえる天主がいまある天主台の場所として間違いないところであろう。残りが信長の「殿主」と

「南殿」と「江雲殿」の三つであるならば、これらが現地で確認できるのこり三つの建物空間、「伝二の丸跡」「伝本丸御殿」「伝三の丸跡」のいずれかに比定できなければならない。

まず、「伝二の丸跡」である。ここは現在信長の廟所《びょうしょ》になっているところである。信長の廟は秀吉が一周忌に合わせて信長の衣冠束帯《いかんそくたい》や太刀《たち》とともに本能寺の灰を埋めたところとして伝えられている場所である。江戸時代にあっては織田家の子孫もここを信長の廟所として修理し守り続けている。ということは、この場所が廃城後を通じてずっと信長の廟所であることは間違いないであろう。普通廟はゆかりのある場所に建立される。秀吉がなぜここを廟にしたのかということはこれまで問われたことがなかったが、そこが大きな問題である。ここは天主のすぐ脇の、天主から見て一段低い場所で、天主に匹敵するくらいの面積を持つ敷地である。結論からいうと、この場所に比定できるものは信長の「殿主」以外にないのではないかということである。これこそが天主と対になる信長の本丸御殿ではなかったのではないか。

室町時代の武将の多くは、建物にハレとケの場所を持っていた。ハレの場は政治や行事を行う場所、ケは寝食を行う私生活の場である。信長は、天主と殿主をどういうふうに使い分けたかはわからないが、どちらかがハレの場でどちらかがケの場ではなかったかと思われる。これは、伝統的な武士のあり方である。したがって、場合によっては『フロイス日本史』にあるとおり、殿主の脇には池や庭があったかもしれない。残念ながらこの場所には現在も信長廟があり聖地となっているため、発掘調査できる可能性はなく、伝二の丸跡の性格が明らかにされる日はこないかもしれない。ただ、はっきりしているのはここが二の丸では決してないということである。

さて、のこるは「南殿」と「江雲殿」である。記録ではこれらの建物は廊下で繋がっていたとされている。「南殿」を天主から見て南に建つ建物とすると、今いうところの「伝本丸御殿」しかない。そうすると、のこるは「伝三の丸跡」だけということになり、それが「江雲殿」となる。ここは宴会が催されるような催事の場所である。「伝三の丸跡」はとても景色のよいところなのでぴったりかもしれない。

いずれにしてもこれらの推定は状況証拠のみであることは否めない。ただし、文献から見た名称の齟齬《そご》、発掘調査結果の評価、現地の空間構成の考察から総合的に判断すると、現段階の比定はありえないと考える。

信長のデザインとセンス

石垣を積む

土から石へ——織豊系城郭の成立

「土」から「成る」と書いて「城」という字になるように、本来、城は山を削り、土を盛って、堀を掘り、その土で土塁をつくったりしたものであり、施設のほとんどが土でできたものが城と呼ばれていた。敵から身を守るために高い山に立て籠もることを目的とした中世の城づくりは、このように土木造成工事（普請《ふしん》）が主体であった。では、いつから城は、高い石垣や白い壁、瓦葺きで大きな建物がつくられるようになったのだろうか。これまでこの問題については、あまり詳しい研究がなされなかった。

しかし、全国で行われていた城郭の発掘調査は、近年全国のさまざまな事例から、当時の人々による試行錯誤の城づくりを教えてくれるようになった。土づくりの城にはしだいに土止めや建物のための石垣が用いられるようになり、その上に瓦葺きの堅牢な建物がつくられるようになった。そして、技術的・発想的にもっとも先進地域であったのが近畿地方のようである。十六世紀前半ごろから次第にわれわれのよく知っているような近世城郭としてのさまざまなパーツを持つ城として発展していくのである。そして、これらの技術をもっとも集約して、独自に発展させて築いたのが信長の安土城だと考えられている。姫路城や熊本城のような優美で高い石垣を持った城が築かれるようになったのは、安土城の完成なくしてはありえなかったのである。中世からの脱皮と近世城郭の出発点こそが安土城にあるといって過言ではないであろう。

我々研究者はこのようなことをふまえて、「石垣」と石垣の上に立つ「礎石立建物」、そして建物に葺《ふ》かれる「瓦」の三点をセットとしてとらえ、この三つがそろった城づくりこそが信長が考案した城郭づくりであり、近世城郭の出発点であると考えている。信長の城づくりを出発点とし、秀吉が全国に波及させたと考えるところから、これらの城を総称して「織豊《しょくほう》系城郭」と呼んで他と区別している。

ここでは、信長が城づくりにおいて重要だと考えていたこれら三点の項目について、それぞれの意義を実際のものをとおして考えてみたい。そこにはふんだんに信長のデザインとセンスが認められるのである。

石積みから石垣へ

城郭の美しい石垣は、長い年月をへて伝統的技術の積み重ねによって生み出されてきたものである。石垣が城郭に導入されるには、石を積むという基本的な技術が前提としてその地域に培《つちか》われていなければならない。また、石垣に先行する技術がその地域に存在していても活用できる場がなければ、その後発展することもありえなかった。では、本来は土であったものが、石に置き換わることになった城郭の石垣技術は、いったいどこから生み出されてきたのであろうか。石垣の前身となる石積みは、古くは古墳時代の石室《せきしつ》や、また奈良時代の斉明《さいめい》天皇の宮殿の石積み、朝鮮式山城《やましろ》、鎌倉時代の元寇《げんこう》の防塁などに認められる。これらの多くは国家事業として行われてきたものである。

石積みが民衆に浸透しはじめるのは、室町時代に至ってからであった。この時代になると、たとえば井戸や路肩や溝や畑や町のあちこちで石積みが認められるようになる。しかし、これらはまだ石垣と呼べるものではなかった。石を積むという行為は、少しの力と知恵があれば一人でもできることではあるが、自分の背丈以上に石を持ち上げて、しかもそれを高く、崩れないように積み上げていくことは、とても一人ではできない行為で難しいことであった。当然そこには、しっかりとした考えにもとづいた技術が必要になってくる。

中世にあって、このような高い石垣を築くことができる技術を有していたのは、実は寺院だけであった。現在の研究では、石積みの技術を石垣にまで高めたのは寺院勢力の力だと考えられている。寺院では、古代より瓦葺きの大きな建物を支えるためにしっかりとした基礎を必要としていたからである。その必要性は技術者を抱えさせ、日ごろから専属で技術革新にいそしむことができたからである。その技術革新が、結果として石積みから新たな技術として石垣を生み出させたのである。

石積みと石垣の根本的な違いは、石積みが単に石を上に積み上げただけのものであったり、土とともに埋めたり積み上げられたりしたものに対し、石垣は背丈以上の高さに石を積むことができ、石で面を作りながら順に上に角度をつけながら積んでいくことに特徴がある。そのため、築石《つきいし》は選ばれ、最初から石垣用に加工されて積まれる。さらにその後ろに石がずれないように櫂石《かいいし》といわれる石を挟んだり、裏込《うらご》めといわれる栗石《くりいし》を基盤の土との間に充塡して水はけをよくするのである。また、石垣は隅《すみ》をつくることができ、石を算《さん》木《ぎ》状に組むことによって出隅《ですみ》や入隅《いりすみ》部をつくることができ、これにより自由自在なラインと平坦面をつくっていくことができるところに特徴がある。よく、石積みと石垣を混同して、最古の城郭石垣争いが行われているところがあるが、これは石垣の機能や技術の理解を誤っているのである。それでは石垣の発達、正しい城郭の発達を理解できないであろう。これらは注意して区別していくことが重要である。

安土城以前の石垣

信長が近江《おうみ》に侵攻する以前、近江の地は江北を治めていた京極《きょうごく》氏やそれを倒した浅井《あざい》氏、江南を治めていた六角《ろっかく》氏によって支配されていた。浅井氏は小谷城《おだにじょう》（滋賀県湖北《こほく》町）を、六角氏は観音寺城《かんのんじじょう》（滋賀県安土《あづち》・能登川《のとがわ》・五個荘《ごかしょう》町）を拠点としていた。かれらの居城はいずれも標高三〇〇メートルを超える高い山城であったが、このいずれにも実は石垣が認められるのである。石垣は部分的に使用されているのではなく諸施設の要所要所のすべてに石垣が使用されている。当時、他国の守護クラスの居城にはまだ石垣の使用が認められないので、このことからも近江における石垣技術の基盤と技術力の高さが理解できるであろう。

また、近年の発掘調査では近江国では守護の居城だけではなく、彼らの被官クラスが築いた城にも同じように石垣が導入されている山城があることがわかってきている。浅井氏でいえば、樋口・堀氏の居城である馬場鎌刃城《ばんばかまのはじょう》（滋賀県米原《まいはら》町）、六角氏でいえば九里《くのり》氏の居城である水茎岡山城《すいけいおかやまじょう》（滋賀県近江八幡市《おうみはちまんし》）や三雲《みくも》氏の居城である三雲城（滋賀県甲西町《こうせいちょう》）がこれにあたる。いずれも、一〇メートル《メートル》を超えるような高い石垣ではないが、急な斜面の形に合わせて自然の石を整層に積んでいく姿は安土城の石垣を彷彿《ほうふつ》とさせるところがある。このように、近江では信長侵攻以前のかなり早い段階から、すでに城郭建設に石垣の導入がはじまっていたのである。

しかし、これらの技術者は城主が保有する固有の技術力ではなかった。浅井氏の技術者の出自は不明であるが、観音寺城の技術者は湖東三山のひとつで、天台宗の有力寺院金剛輪寺《こんごうりんじ》から六角氏が金銭で借り受けてきたことが、文書によって確認されている。おそらく、湖東三山や甲賀の寺々がこれに深く関わっていたことであろう。

歴史に「もし」はないが、もし六角氏や浅井氏が信長に滅ぼされていなかったなら、彼らも独自に発展させた石垣を用いた城郭を築いていたことであろう。しかし、彼らの技術と城は花開くことがなかった。近江一円の寺院に育っていた石垣を積むことのできる技術者を獲得し、歴史の舞台で開花させたのは彼らを滅ぼした信長であった。そういう意味では元亀《げんき》の争乱で信長が、近江に介入し守護とその家臣、そして諸寺院の焼き討ちを徹底的に行った背景には、このような中世にあっては特権を持ち不入であった寺院勢力からの技術者を解放することが念頭にあったのではないであろうか。信長は安土城を築くにあたってこれらの城を目のあたりにしたであろうし、彼ら技術者を総動員しその成果として安土城を築いたのであろう。

安土山の石垣

石垣の技術を考えるうえでの重要な問題のひとつに石材の確保がある。石垣づくりの城を築くには、城の近くに良好な石材の産出地が必要になる。安土城でいえば石材は流紋岩《りゅうもんがん》である。その産地については、記録に「観音寺山・長命寺山《ちょうめいじやま》・長光寺《ちょうこうじ》山・伊場《いば》山、所々の大石を引下ろし」（『信長公記』）とあるように、この石の分布する範囲は、おおよそ北は彦根《ひこね》市の荒神山から南は安土山、東は鈴鹿《すずか》山系、西は琵琶湖《びわこ》の沖ノ島あたりという狭い範囲にしかないことがわかっている。これがいわゆる湖東流紋岩と呼ばれるものである。ただし、安土城のための採石場はまだ発見されていない。『信長公記』の記述によると石垣を積むにあたっては、まず採石場で集められた石を、手ごろな大きさにあわせるため「大石を撰び取り、小石を撰び退《の》けられ」とある。そして、石材はそれぞれの持ち場に運ばれていく。巨石は修羅《しゅら》挽《び》きされて山頂に運びあげられたともある。時には「蛇石《じゃいし》と云う名石にて勝れたる大石に候間、一切《いっせつ》に御山へ上がらず候。然《しか》る間羽柴筑前・滝川左近《さこん》・惟任《これとう》五郎左衛門三人として助勢一万人余の人数を以《もっ》て、夜昼山も谷も動くばかりに候キ」と難渋したこともあった。

俗に安土城の石垣の積み方は、通称「野面積《のづらづ》み」と呼ばれている。しかし、実は石垣を分類するための決まった法則は、科学が発達した今の世の中になってもいまだ見いだされていない。なぜなら、積む場所、石材の種類と大きさ、そして積み手の意志によって微妙に形が変化し、ひとつとして同じものができないからである。このことは、安土山に存在する多量の石垣をひとずつ丹念にみていくとわかる。その多様さに気が付く。当然であろう。これだけ多量の石垣をわずか四年で積むのである。ありとあらゆる石材を用意し、多量の技術者をもって全体に一気に積むのである。規格のブロックを積んでいくのとは訳が違う。したがって、実際のものから見て石垣の積み方を示す用語を一つに決めることがいかに難しいかを想像させる。

一般に石垣の名称として、石を加工しない「野面積み」、石を叩いて割り、角と面を合わせる「打込《うちこみ》ハギ」、切りそろえて磨いた石を使う「切込《きりこみ》ハギ」が使われるのが普通である。しかし、これらの用語は、実は江戸時代にはじまった軍学研究によって生み出されたものである。彼らは、市中に存在した石垣を何らかの方法で区別・分類して呼ぶ方法を考えだそうとしたのである。安土城の時代の石垣には決まった呼び方やましてや書物に記されたような工法や流儀などはなかった。石垣奉行の名は記されていても、石垣の名称はもとより、石工《いしく》の名前すらどこの記録にものこされていない。したがって、「穴太積《あのうづ》み」「穴太流」などの言葉も実は当時にはなかったのである。

つまり、確かな安土城の石垣の名称がないので、この江戸時代の分類を便宜上使用し、安土山の石垣を「野面積み」という言葉で代表させていただけなのである。現物は必ずしも自然石だけで積まれた石垣ばかりではなかった。石垣調査では、鎚《つち》で割ったり、打ち欠いたりした石材が多数発見されている。むしろ安土の石垣は、自然石から加工石へと技術革新がはじまったころのものとして理解したほうがよいであろう。また、安土山の石垣技術には、近世のように胴木《どうぎ》や丸太打止めを行う工法をとっていない。勾配《こうばい》をつけ滑《すべ》りを胴木や丸太で受けるのではなく、岩盤に直接積み上げ、隅角石《すみかど》に算木《さんぎ》積みを採用し、反《そ》りをもたせずにまっすぐに積み上げることにより垂直に加重を掛けている。場所によっては、鏡石《かがみいし》といわれる部分的に大きな石を象徴的に見せるということも行っていたり、小石を小口《こぐち》積みしたり、立石を用いたりと特徴的な石垣を積んでいるところもある。これらの技法は、後世の石垣積みに対して大きな影響を与えていることはいうまでもないであろう。各地に残されている近世城郭の石垣を見ればこのことは容易に理解できるはずである。

そういう意味ではしいてこの石垣に名称を与えて区別し呼んでいくとするならば「安土山積み」とでも呼んでいくのがもっとも正しい呼び名かもしれない。

穴太衆・穴太積みの幻影

安土城の石垣は一般に「穴太積み《あのうづみ》」と呼ばれることがあると、先に述べた。これは、江戸時代に城郭の石垣を積んでいた技術者の秘伝書や彼らが公儀の職に付く際に提出した家系図などに、その名と安土城との関係が認められることを原点としている。彼らも石垣のスタート地点が安土城にあることを理解していたようで、自分たちの先祖こそが安土城を積んだのだと喧伝していたのである。たとえば、よく安土山の石垣が穴太衆が積んだと『明良洪範《めいりょうこうはん》』に紹介されている。この『明良洪範』は十八世紀に成立した書物であり、その記述が十六世紀に遡る根拠はまったくない。穴太衆が安土城の石垣を積んだという記述も、残念ながら実は江戸時代に生まれた伝承なのである。特に近江には穴太という比叡山の麓にある現在の大津市坂本付近の地名があり（日本中に穴太という地名はある）、延暦寺《えんりやくじ》を中心とする寺院や坊にいまも数多くの石垣が認められる。残念ながら、延暦寺にも坂本にも、穴太にも戦国時代の石垣は発見されていない。また、石垣積みに関する文献もいっさいない。

今、坂本穴太に存在する石垣のすべては、江戸時代の穴太衆・穴太積みを称した技術者の石垣なのである。そういう意味では江戸時代の穴太衆と穴太積みの存在にはまったく問題はないが、問題はそれ自身を安土城と関連づけたところにあったのである。昭和三十年代に安土城の石垣を修築した故粟田万喜蔵氏ももとは徳島の桶屋の家柄、大津坂本で独学し石垣積みを学んだとされており、当時もっとも優秀な技術者であったため安土山の石垣修理に尽力された。しかし、安土城の石垣積みという意味では、それ以外の穴太との接点はまったくないのである。まさに、今日の安土城の石垣＝穴太積みというイメージは、近世になってから生み出された安土城のネームバリュウが生んだ幻影なのである。

石垣の意義と信長

このように安土城における石垣の意義は、室町時代に寺院を中心としてはぐくまれていた石垣技術に信長が着目したということであろう。彼の持つ権力は寺院特権として庇護されていた中世という時代からそれら技術者を解き放つとともに、集約し、技術力を華咲かせた。そして新しい技術者組織として組みかえた。その結果、名も無き石垣技術者の子孫達は、やがて秀吉が全国統一の過程で全国を席巻していった城づくりとともに、その活動の場をひろげ全国に石垣技術を定着させていくのである。信長の石垣への関心が、やがてわれわれに高く優美な城の石垣として、その姿を届けてくれる結果となった。

瓦で飾る屋根

寺から城へ

日本家屋といえば、屋根は瓦葺《かわらぶ》きであるのがごく普通のように思われるが、住宅に瓦が葺かれるようになったのは瓦生産が産業化し城下町単位に定着した江戸時代以降であることを理解している人は少ない。また民家の屋根が瓦で葺かれるきっかけを作ったのは、実は織田信長による安土の築城にあることも意外と知られていない。

もともと、古代の日本には瓦葺きの建物は存在しなかった。瓦葺きの始まりは仏教の伝来とともにあり、それ以後も古代の瓦が寺院や宮都、国や地方の役所のためだけのものであったからである。したがって、生産はすべて国家が管理していたのである。その後、国の力が弱まり律令体制が崩壊し、荘園が発達してくるころには、技術者集団はその技術力を必要とした寺院に引き継がれた。つまり中世をつうじて瓦作りの技術は有力な寺院に囲われていたのである。たとえ、守護大名といえども簡単にそれら技術者を使うことができず、許されないというのが中世という時代であった。もちろん、さすがの信長でも中世的絆《きずな》を解き放すことなくこれらの技術を使うことはできなかった。戦国時代に入り時代の寵《ちょう》児《じ》として出現した信長は、あらゆる局面でこの古い社会の解体をはじめた。そしてそれが新しい時代の到来となった。瓦工人集団の在り方についても古い束縛からの解放と新しい時代をむかえることになったのである。信長は寺院の瓦を本格的に城郭に使用することを思いついたのである。

唐人一観と奈良衆

信長は安土に城を築くにあたって当時の最高技術を結集した。瓦生産もそのうちのひとつである。『信長公記』によると「天主を仰付けらるべきの旨にて尾・濃・勢・三・越州、若州・畿内の侍、京都・奈良・堺の大工・諸職人等召寄せられ、在安土仕候て、瓦焼唐人の一観相添えられ、唐様に仰付けらるる」とある。また、別の『安土日記』には「瓦、唐人の一官に仰付けられ、奈良衆焼き申すなり」とあるとおり、安土城築城に際し、各地の諸職人とともに唐人の一観と奈良衆という瓦職人が召し寄せられたことが書かれている。本によって少しずつ記述が違うが、安土城の瓦はこの唐人一観（官）と奈良衆によって焼かれたことが明記されている。唐人一観についいては、中国の僧侶だという説と明の官人を名乗る人だとする説などいくつかの意見にわかれていいて明確なことはわかっていなかったが、近年、中村博司氏の研究で「唐人」は明《みん》から来ていた、とある地方官人という意味であり、「一観（官）」は一官、二官など、日本でいう太郎、次郎などの呼称を現わしているとした。ただ、奈良衆については、中世から興福寺や法隆寺など奈良諸寺院の寺院瓦を製作していたことで有名な集団であることがわかっている。彼らは代々、橘《たちばな》朝臣や藤原姓を自称し、奈良西ノ京に住む瓦工人であることが記録からも出土瓦の型式からも証明されている。

信長のデザイン

屋根の軒先《のきさき》を飾る瓦には軒丸瓦《のきまるがわら》と軒平瓦《のきひら》の二種類の瓦がある。特に紋様《もんよう》が付いている先端部分を瓦当《がとう》と呼んでいるが、そこには木笵《もくはん》でさまざまな紋様がつけられる。この紋様はいわば瓦の顔のようなものであり、時代によりさまざまな模様に変化する。たとえば、古代では蓮華紋《れんげもん》や忍冬唐草紋《にんとうからくさもん》が使われていた。中世になると軒丸瓦の主流は三巴《みつどもえ》紋や宝珠紋《ほうじゅ》になり、軒平瓦の主流は均整唐草紋に変化した。

信長はこれら奈良の伝統的職人を使用するにあたり、従来から寺院で伝来するモチーフ

図32　伝米蔵跡出土瓦（滋賀県安土城郭調査研究所『安土城　1989～1998』より）

図33　伝煙硝蔵跡出土瓦（滋賀県安土城郭調査研究所『安土城　1989～1998』より）

を踏襲《とうしゅう》しながらも信長らしさを出すために新しいデザインを考案した。たとえば軒丸瓦にシャープで短い三巴紋を採用し、そのまわりの珠紋の数を減らして、シンプルなデザインにした。また、軒平瓦も唐草の数を減らし簡略化したシャープなデザインを採用している。これらはいずれも信長らしい洗練されたモチーフとして一目でわかるものである。

信長の影響力

このような安土城を起点とする瓦の紋様は、その後の城郭づくりに大きな影響を及ぼしている。たとえば、これらの紋様の付いた瓦が、安土城を始めとする信長の親族や重臣の城郭だけに用いられたことがわかってきている。まさにこの紋様の瓦は信長のための、信長の城のための、信長の権力の象徴といえるものだった。信長の死後、秀吉によって天下統一の過程で築かれた多くの城でも、信長が安土城で使用した工人を利用したことを物語るように、全国各地の城郭では信長によってデザインされた瓦のモチーフの流れをくむ瓦が多数発見されて話題を呼んでいる。私たちは、このような城郭の瓦を「織豊《しょくほう》系城郭の瓦」と呼んで他の瓦と区別して考えている。これらの研究の進展により、瓦の紋様の変遷によって年代や使用した城主の特定までもが行えるようになってきているのである。これが近年の城郭における瓦研究の最大の成果だと考えられる。

金色に輝く瓦

信長がはじめたことはこれだけではない。安土城を訪れた宣教師は次のような文章を本国に発している。「最上層はすべて金色となっている。この天守は、他のすべての邸宅と同様に、我らがヨーロッパで知るかぎりのもっとも堅牢で華美な瓦で掩《おお》われている」（『フロイス日本史』）、「瓦は大きさポルトガルの瓦に等しきが、製作巧みにして外よりこれを見れば薔薇《ばら》又は花に金を塗りたるが如し」（『耶蘇会士日本通信』）と、信長に招かれて安土城を見学した宣教師たちが記録に残したように、安土城の天主の屋根は金箔瓦《きんぱくがわら》によって金色に輝いていた。もちろん、これを実証するように発掘調査で多量の金箔瓦が発見されている。建物に金箔を張るという技術は、安土城以前にも中尊寺金色堂や金閣寺にみられたが、瓦に金箔を張ることを思いついたのは実は信長で安土城が最初のことであった。

出土した金箔瓦をみると、あらかじめ瓦に接着用の下漆《したうるし》を塗り、その上に金箔を張っていることがわかる。しかも金箔は瓦の引っ込んだ部分だけに張られている。実際瓦を手にとって観察してみると、細部までへこんでいる部分だけに金箔を貼っている。この技術はとても高度なものであることがわかる。巷で有名な全面に金箔を張るようになる金箔瓦は黄金太閤と呼ばれる豊臣秀吉の時代になってからのことであった。

また、信長段階で安土城以外で金箔瓦を使用したのは、長男信忠の岐阜城、次男信雄の松ヶ島城、三男信孝の神戸城だけである。普通の瓦については家臣にも分け与えているが、金箔瓦だけは血を分けた子供たちの城に限ってしか分け与えていないのである。やはりこれも権力の象徴としての意味合いが強いものと考えられる。信長は城をきらびやかに見せる一方で金箔瓦を権力の象徴として利用していることがわかる。

最古の金箔鯱瓦

城を飾る鯱瓦《しやちがわら》――私たちは、名古屋城金鯱瓦に代表される鯱瓦をごく当たり前のごとく城の屋根には付きものと考えている。しかし、この鯱瓦自身も実は信長がはじめたこととはあまり知られていない。平成八年（一九九六）、安土城ではじめて鯱瓦が発掘され話題となった。鯱はもともと古代建築の大棟《おおむね》の両端を飾った鴟尾《しび》が形を変えたものといわれている。鴟尾は紀元前三世紀ごろに中国で生まれて飛《あす》鳥《か》時代に日本に伝わり、寺院や宮殿の主要な建物に用いられていたものである。唐招提《とうしようだい》寺金堂《じこんどう》には奈良時代の鴟尾が今も飾られている。しかし、日本では十世紀ごろからしだいに鴟尾は使われなくなる。その理由は明らかではないが、主流は鬼瓦《おにがわら》へと変化していく。

一方、中国では、九世紀ころから鴟吻《しふん》と呼ばれる魚が屋根の上に使われるようになり、しだいにその形は大きく口を開く姿のものに変化していき十世紀以降に盛んに用いられるようになるのである。これが鎌倉時代に禅宗建築とともにわが国に伝えられて、日本風に変化したものが鯱だといわれている。

唐様《からよう》を好んで使用した信長にはもってこいのデザインだったというわけである。信長は安土城の築城に合わせて鯱を城の屋根に採用したのである。おかげでわれわれに鯱＝城というイメージが定着されることになったのである。

鯱瓦の復元

とはいうものの、安土城では、実は鯱瓦が完全な形で発見されていない。発見されている瓦は、火災の影響で屋根から転げ落ちた結果、いくつかの破片に分解されて発見されている。まず、胴体の破片からは、腹部の鱗《うろこ》を示した蛇腹《じゃばら》が認められている。蛇腹部は粘土を削りだして表現されている様子がわかる。

また、背の鱗はハート形の粘土板を一枚一枚丁寧に幾重にも重ね張り合わせてつくられていることがわかる。これは近世の鯱瓦の鱗が線で描かれたり、馬蹄《ばてい》形のスタンプを押して表現されていることから比べると、とても丁寧なつくりで技術力の高い仕事であることがわかる。

また、顔部の破片から、顔立ちは大きく、六角形のまぶたの中に眼が大きく見開き、大きな口から前歯が反り上がり、牙が鋭く立ちあがる姿が浮かび上がる。それは今まで見た

図34　伝米蔵跡出土金箔鯱瓦（滋賀県安土城郭調査研究所『安土城　1989～1998』より）

こともないような異様な顔立ちであった。

　これらの破片から復元した鯱の全体の姿は、胴部がエビのように反り、顔立ちが大きく、にらみ付けるような目と顔をしたものであった。また、胴部からは均整のとれた大きな尾鰭《おびれ》や胸鰭《むなびれ》がそそり立つように開いた。まるで水を得た魚のようにとても生き生きとしたものであった。さらに、安土城の鯱瓦には眼と前歯、牙、鰭だけに金箔が張ってあることがわかった。このことから、全面に金箔を張ったいわゆる「金の鯱」はやはり、黄金太閤と呼ばれた豊臣秀吉以降のものであることが

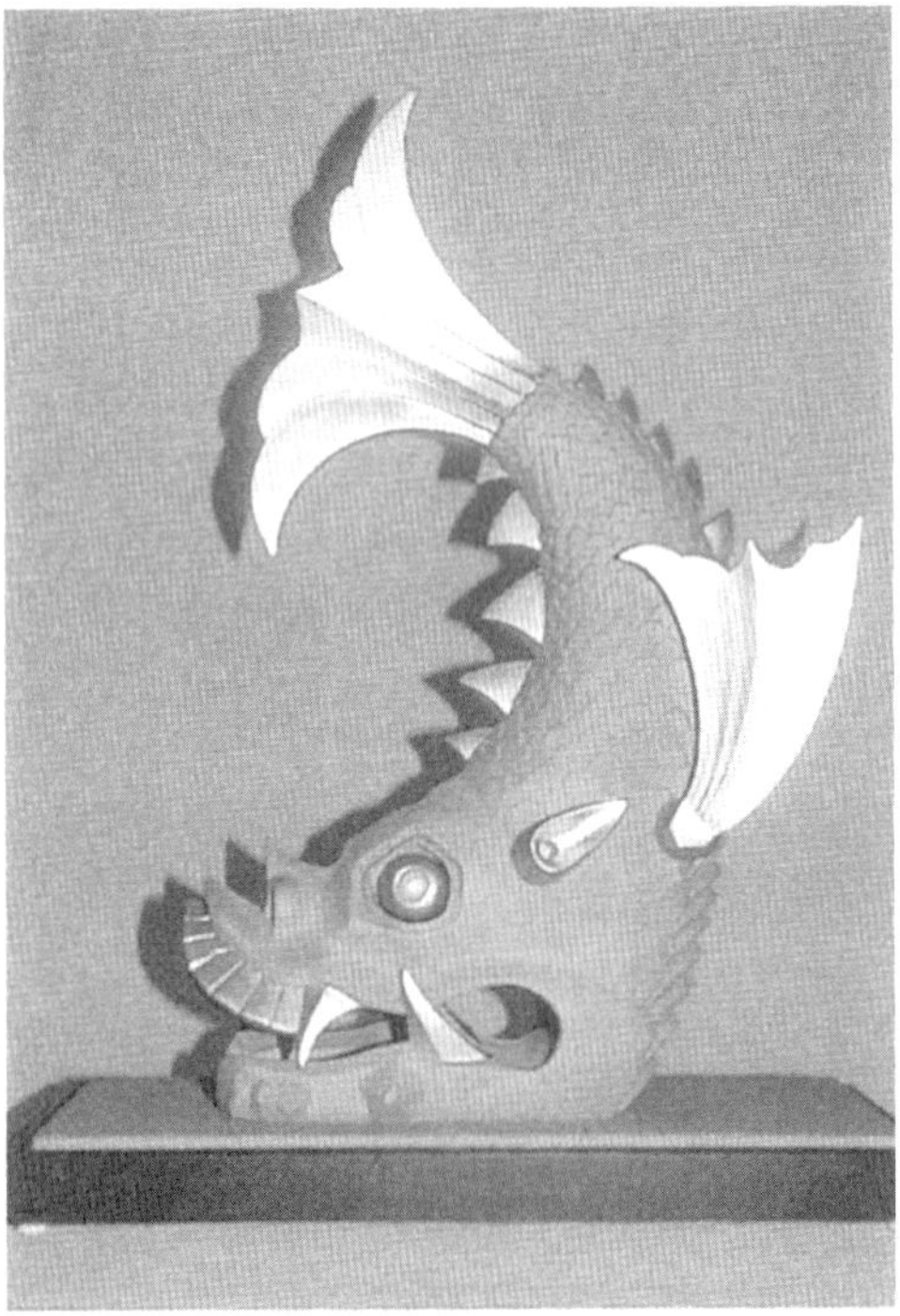

図35　伝米蔵跡出土金箔鯱瓦復元模型（滋賀県安土城郭調査研究所『安土城　1989～1998』より）

わかる。

日本最初の城郭用の鯱瓦は力強い意志をもった信長の姿を写しているようにもみえる姿をしていたのであった。しかし、火災に遭わないように水に関係するものを屋根の上にのせるという当時の風習も結果的には安土城にはまったく威力がなかった。

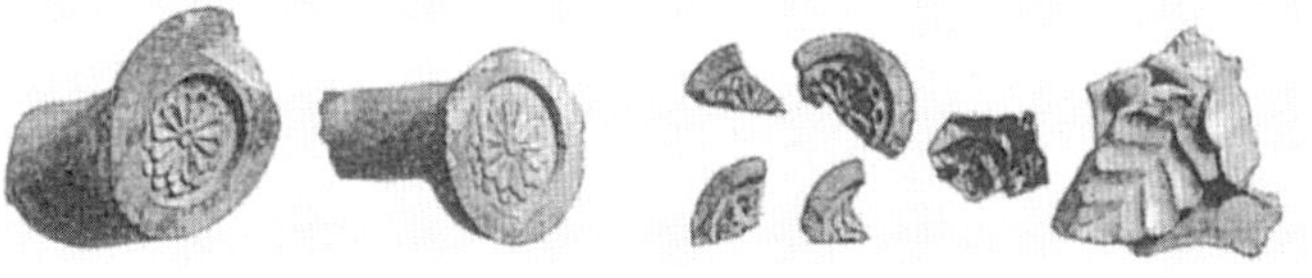

図36　桐紋・菊紋瓦

菊と桐——権威の象徴

また、信長は新しい試みとして菊《きく》紋と桐《きり》紋という天皇家や朝廷の紋を瓦に使用している。桐紋については信長は永禄十一年（一五六八）に足利義昭《あしかがよしあき》より拝領していて使用することが可能であった。

研究者のなかには、天皇や朝廷に逆らい、日本の王や神ならんとするところに信長の実像を見出そうとする傾向がある。しかし、拝領した紋や天皇家の菊紋を用いて瓦をつくり、それを自らの城郭の高い屋根に配する信長の姿は、必ずしも古い権威を否定したものではない。その行為自身は権威の象徴として安土城を訪れる人々や家臣に見せるために利用しているが、むしろ強いつながりを訪れる人々に再確認させる意識があったのではないであろうか。

この菊紋と桐紋の考え方は、実は後の時代にも受け継がれている。桐紋は「太閤桐」として秀吉の家紋になり、さらに秀吉は、家臣たちへの官位叙任とともに分け与えるということを行っている。そして、菊紋と桐紋は秀吉とともに全国の城郭の屋根瓦に広く普及していくことになった。現代でも屋根瓦に家紋の入った瓦が葺かれているものを目にすることがあるが、これは安土城で見られる桐紋瓦と菊紋瓦のような使い方の結果であり、それは家紋瓦発生の初源といえるものだった。信長のセンスはここでも新たな形を生み出している。

寺の技術と城——天正四年の意義

以上のように、安土城のさまざまなものは実はすべて寺院が持っていた技術によっていたのである。建物を支える石垣。その石垣の上に乗る櫓《やぐら》や門や御殿や天主などの建造物。塀や建物の白壁。建物の金具。畳。襖《ふすま》。ありとあらゆるものの技術は、当時すべてを中世寺院が手中にしていたものであった。そして、政権を得る過程で信長は、美濃《みの》支配により熱田大工を、元亀《げんき》年間（一五七〇〜七三）の近江攻めと寺院支配によって近江の大工を得た。京都の支配と寺院の支配により襖《ふすま》絵師の狩野永徳《かのうえいとく》・光信《みつのぶ》や金具師の後藤平四郎を得た。そして最後に奈良寺院の支配により瓦工人である奈良衆を得た。したがって、これらの地域の支配なくして安土城の建設はなかったことであろう。

安土城の築城はこれらのすべての技術者が信長の手に落ちたことのあかしであった。信長は彼らを使い伝統技術のなかにも信長らしい新しいいぶきを吹き込みながら、中世から解放し新しい権力の象徴として集結させて、その具現として城を築いたのである。ここに安土城の大きな意義があるといえるであろう。そういう意味では天正四年（一五七六）という年は城郭史のなかでももっとも重要な年だともいえるのである。

信長の夢・安土城の世界

信長像を考える

さまざまな信長像

すべての意識は信長のなかに秘められている。彼が安土で何をしようとしたのか。人が歴史をつくっている以上、歴史の再構成にあたってはこの問題は避けてとおれない。安土時代の歴史は何といっても彼が中心人物であるからなおさらである。それゆえに信長の人物研究もさまざまになされている。ある人は革命者として、いや独裁者として、専制君主として、無神論者として、破壊者として、鬼として、病者として、そしてもっとも超越したものとして神にまでされてしまった信長像がある。このことに、さぞかし一番驚いているのは本人自身に違いないであろう。これらの多くが信長のある一面で位置づけられていることは松下浩氏の研究に詳しいところである。

まずこの点を払拭《ふっしょく》しないかぎり安土と城で彼が考えていた世界については理解できないのではないかと思う。特に、信長の神格化の幻想については、数々の安土城にまつわる幻想のひとつとして考えておかなければならないであろう。

信長の性格

信長が超越した人間に取り扱われる場合の根拠は二つある。ひとつは彼の性格と素行であろう。これは『信長公記《しんちょうこうき》』の至るところに書かれているのでわかりやすい。しかし、書きとめている側は信長の偉業を示すためにそれらをエピソードとして書いていることを忘れてはならない。有名な幼少のころの奇行であればそれは成人して卓越した人間になるということに対する布石なのである。そのことは斎藤道三《どうさん》が、「山城が子供たわけの門外に馬を繋ぐべき事、案の内にて候」という一言で言い切ってしまっているであろう。成人後の突発的な奇行であれ、彼が天賦《てんぷ》の才に恵まれていたことの証明にしかすぎない。彼のすべての行動は彼のスーパースター振りを示すエピソードにしかすぎないのである。

また家臣や周囲の者に対して有無をいわず処罰する厳しさについても、たんに信長の考えているルールに反する者への処分なのである。これも特異な部分だけが大きくクローズアップされているにすぎない。冷酷非情な行動を戦国時代の生きるか死ぬかのときに油断すれば自分や一族郎党の命があぶない時代であることを、痛いほどその置かれている立場からもわかっての行動であったに違いないのである。しかし、逆に信長には、花鳥風月を愛《め》でて人間らしい愛情を注ぐ場面やエピソードも数多くある。これについては、おもしろくないのかあまり語られようとしていない。これらの事実を扱う側が意外と操作していることが多いのではないだろうか。当時でも、信長の素行《そこう》をよく書いていないのは、『フロイス日本史』であり、信長を苦々しく思っていた安国寺恵瓊《あんこくじえいけい》や上杉などの反信長側だけなのである。

宗教への考え方

同じような考えのものとして、彼の宗教観がある。これについても、記録としては日蓮宗、真言宗、真宗や天台宗などを排してきた随所に書かれている。しかしよく読むと、信心する心を排しているのではないことがわかる。宗教統制が目的ではなかったのである。あくまでも傲慢《ごうまん》な者に対して鉄鎚《てっつい》を下していことがわかるだけなのである。ひとつは政教分離に、ひとつは聖職者の襟《えり》を正させることに意図があり、けっして弾圧ではない。そのことは彼が伊勢神宮、朝熊《あさくま》山、熱田《あつた》神宮等さまざまな寺や神社に参詣していることからわかる。しかも、領地安堵《あんど》もすすんで行っている。寺の再建や移築にも宗派をとわず尽力している。このように、寄進や勧進もすすんで行っている。

戦いにあっては戦勝祈願を神仏に行い、信心深い人間なのである。城で見つかる石仏群をもって彼を不信心と理解することも、それはたんなる石材として利用してと非難するのである。なにも信長だけがそのような使い方をしたのでなく大和郡山城や姫路城や、このことは全国のさまざまな石垣でも認められることであり、当時としてはごくふつうの行為だったのである。このことも信長ゆえにおもしろおかしく取り扱われただけのことなのである。

さて、もっとも問題なのは、宣教師たちが書き残した信長の姿と彼の宗教観である。これは、あくまでも布教者とした来日していた彼らの目から見た姿であり、本国の報告用に書かれた手紙であり、彼らの側から作り上げられた日本観であるということを考えなければならない資料である。フロイス自身が、手紙などから察して作り上げた自分たちに都合のいい信長の像こそが無神論者で狂気に走るものであり、彼の死を神から与えられた罰として結果から位置づけたのである。特に有名なくだりである、「安土にはそれ（神像の実体と心）がなく予自らが神体である、と言っていた」とし「彼への礼拝が他の偶像のそれに劣る事がないように」と言っている部分も解釈によっては、安土には神社が無いが、安土は信長のものであるから信長を神体と思って領民としてあがめて欲しいということともとれ、他の神仏に尽くす礼に劣らないように尊敬して欲しいとし、けっして神になったとかなりたいとかは言ってないともとれるのである。

神でなく人として

このように、信長の悪行三昧《あくぎょうざんまい》の行為についてはすべて、信長をよく思わない者が書き残したものを後世の人々が信じてそれに同調しているという構図になっていることがわかるであろう。したがって、これを信じる者はもちろん反信長側の人間ということになるのである。ところが、信長の家臣や信長と同時代を生きた人たちは、彼の業績や伝記を残そうとしている。現にそういう形で語り継がれてきている。徳川幕府としても織田家を高家《こうけ》としている。彼らは誰一人として、信長を悪人として歴史から排除しようとしていない。死人に口なしであるから、この際、恨みつらみを晴らすことは簡単である。信長が天皇家や公家にとって邪魔者であれば余計に、殺されたことは願ってもないことであり、明智こそが英雄であろう。しかし、この世では謀反《むほん》はあくまでも主君にとっての謀反である。

秀吉も家康も当時信長にはとてもかわいがられていた。彼らこそが真に信長のことをよく理解していたであろう。明治政府以降、信長は正一位を叙位されている。これは生前に天皇家に対して貢献したことが評価されてのことである。もちろん、そこに時代性があるわけであるが、彼を反天皇という立場では考えていなかったということが大切であろう。また、武勇の将であったとの評価もあるようであり、摠見寺《そうけんじ》の芳名録《ほうめいろく》では乃木希典《のぎまれすけ》をはじめ多数の軍人が信長の墓に詣でている。とするならば、実は信長の性格を歪めてしまったのは、近年のドラマや小説などの空想の世界と方向性を誤った研究ではないであろうか。話題をよび売れる物であればよいだけでは歴史の真実は語れないのである。

このように、真実としては信長は神にはなりえなかったのである。神どころか、天皇や将軍になろうとした気配も感じられない。秀吉は確かに信長の死を政治的に利用したかもしれないが、信長の魂を鎮める為に執り行った葬儀は、大徳寺《だいとくじ》で行われたごく普通の仏式であり、信長をその戒名とともに仏としている。信長の死後、豊臣秀吉は豊国大明神となった。徳川家康は日光東照宮で東照大権現となった。これを見ても生前からの意識と彼らの意識とその扱いがわかるであろう。これが正しい歴史の姿であり、真実なのである。

さて、それではこれからそのことを念頭に置き、そこから見えてくる安土城の世界と彼の夢、そして彼の人としての最後について考えてみたい。

天主を考える

天主とは

天主とはいったい何なのか、という問いに明確に答えられる人は少ないであろう。安土以前では、すでに信長関係で長浜城や坂本城、それ以外では松永久秀《まつながひさひで》が天主とおぼしき建物を建造している。語源的には「主殿」→「殿主」→「天主」→「天守」→「天守閣」と変遷していったという理解がされている。字のとおり、機能的にはもともとは主の住まいとして成立したものが、しだいに政治の場にうつり、最後は城主や治世のシンボルとしてうつりかわっていったという理解である。したがって、われわれが「天守」と聞きすぐにイメージするものは、実は江戸時代の最後の天守の姿であることが理解できるであろう。したがって安土山《あづちやま》の天主からみればこれはかけ離れたものであり、その観念からでは安土の天主を理解できないことになると思われる。天主成立段階の「天主」と、最終段階の「天守」を同じくして考えることができないのである。最初に述べたとおり、信長段階のものは「天主」と書く。では「天主」とはどういう意味なのか。これを天の主と読み、信長が天子になろうとしたのだと考える研究者もいる。天主＝キリスト教なので、キリスト教社会を掲げようとしたともとれる。いずれにしても、実際のところは名前の由来すらない。わかっているのは、その後この建造物を秀吉も家康も作り続け、「天守」と呼び慣わしたという事実だけである。建築学的には、中世山城の井楼《せいろう》櫓《やぐら》や望楼《ぼうろう》櫓《やぐら》が発達したものと考えられており、二〜三階の階層の建物の上に望楼が乗った構造物として理解されている。それが、江戸時代以降、柱を上から下まで通してしまい層塔型《そうとうがた》にしたとされた。そういう意味では、宣教師が書き記した「塔」ということばもある意味で正しいのである。

天主の構造

信長の天主を理解するには、やはり信長の意識を「天主」という構造物から探り出すしかない。なぜ彼は城の中央に、御殿以外にこの塔を建て、自分の住まいとすることを考え始めたのであろうか。それにはまず、他の書物と同じように残された記録に頼るしかない。天主外観および構造については『信長公記《しんちょうこうき》』「天主の次第」に詳しいというよりも、実際的な資料はこれしかない。そこに書かれているのは、各階の柱の数であったり、大きさであったり、部屋の数や部屋の名前、襖絵《ふすまえ》のテーマだけであった。それでも、天主の構造と思想を知るには十分である。それでは各階ごとに順をおって信長が建てた天主の構造について考えてみよう。

安土城天主の次第

「石くらの高さ十二間余なり。
一、石くら内を一重土蔵に御用ひ、是より七重なり。」

「石くら」とは地下室のことである。現在われわれが立つことのできる礎石のある場所が、土蔵に当たる。これを一重目と考える。現況は階段で一回上に上がるが建物構造上は地下であり一重目である。

「二重石くらの上、広さ北南へ廿間、西東へ十七間、高さ十六間ま中有り。柱数弐百四本立。本柱長さ八間、ふとさ一尺五寸、六寸四方、一尺三寸四方木。」

二重目は石くらの石垣の上に広さ南北二〇間×東西一七間となっている。しかし、現況ではこの大きさでは現地の石垣からはみ出してしまうことがわかっている。二重目以降は各階の構造と部屋の大きさ、部屋の画題が克明に記されている。天主の構造は重要であるので、以下にそれを引用しておこう。

「御座敷内、悉《ことごと》く布を着せ黒漆なり。
西十二畳敷、墨絵に梅の御絵を狩野永徳に仰付けられ、か丶せられ、何れも下より
上迄、御座敷の内御絵所悉く金なり。同間の内御書院あり。是には遠寺晩鐘の景気
か丶せられ、其前にぼんさんをかせられ、次四てう敷、御棚に鳩《はと》の御絵をか丶せ
られ、又十二畳敷、鵞《がちょう》をか丶せられ、則鵞の間と申すなり。又其《またそ》の次八畳敷、奥
四てう敷に雉《きじ》の子を愛する所あり。
南又十二畳布、唐《から》の儒者《じゅしゃ》達をか丶せられ、又八でう敷あり。
東十二畳敷、
次三でう布、
其次、八でう敷、御膳拵《ごぜんこしら》へ申す所なり。
六でう敷、御南戸（納戸）、又六畳敷、
何れも御絵所金なり。
北ノ方御土蔵あり。其次御座敷、
廿六でう敷、御南戸なり。西六でう敷、
次十でう敷、又其次十でう敷、

同十二畳敷、御南戸の数七つあり、
此下に金燈炉をかせられたり。
三重め、十二畳敷、花鳥の御絵あり。則《すなわち》、花鳥の間と申すなり。別に一段四でう敷
御座の間あり。同花鳥の御絵あり。
次南八畳布、賢人の間にひょうたんより駒《こま》の出たる所あり。
東麝香《じゃこう》の間、八畳敷・十二でう敷、御門の上、
次八でう敷、呂洞賓《りよどうひん》と申す仙人幷《ならび》にふゑつの図あり。
北廿畳敷、駒の牧の御絵あり。
次十二でう敷、西王母《さいおうぼ》の御絵あり。
西御絵はなし。御縁二段広縁なり。
廿四でう敷の御物置の御南戸あり。
口に八でう敷の御座敷これあり。
柱数百四十六本立なり。
四重め、西十二間に岩に色々木を遊ばされ、則、岩の間と申すなり。
次西八畳敷に竜虎の戦あり。

南十二間、竹色々かゝせられ、竹の間と申す。

次十二間に松ばかりを色々遊ばされ、則、松の間と申す。

東八でう敷、桐《きり》に鳳凰《ほうおう》かゝせらるゝ。

次八でう敷、きよゆう（許由）耳をあらへばそうほ（巣父）牛を牽いて帰る所、両人の出でたる故郷の躰《てい》。

次御小坐布、七畳敷、でいばかりにて御絵はなし。

北十二でう敷、是に御絵はなし。

次十二でう敷、此内西二間の所にてまりの木遊ばさる。

次八畳敷、庭子の景気、則、御鷹の間と申すなり。

　柱数九十三本立。

五重め、御絵はなし。南北の破風口に、四畳半の御坐敷両方にあり。

　こ屋の段と申すなり。

六重め。八角四間あり。外柱は朱なり。内柱は皆金なり。釈門十大御弟子等、尺尊《しやくそん》（釈尊）成道《じようどう》御説法の次第、御縁輪には餓鬼《がき》共・鬼共かゝせられ、御縁輪のはた板にはしやちほこ・ひれうをかゝせられ、高欄ぎぼうしほり物あり。

上七重め、三間四方、御坐敷の内皆金なり。そとはかは是又金なり。四方の内柱には上竜、下竜、天井には天人御影向の所、御坐敷の内には三皇・五帝・孔門十哲・商山四皓《しょうざんしこう》・七賢等をか丶せられ、ひうち・ほうちゃく数二十つらせられ、挟間戸鉄なり。数六十余あり。皆黒漆なり。御座敷内外柱惣に漆にて布を着せさせられ其上皆黒漆なり。

各階にあるのは板の間と畳の間で構成された座敷とそれらの調度を納める納戸《なんど》と部屋を繋ぐ廊下である。部屋には様々の絵で埋められた襖がはめられていた。まさにこれは御殿といわずしてなんと言えばいいのか。

天主の思想

さて、こうしてみると天主じたいが後の本丸御殿に見られる書院の部屋の数々を階上に配列を変えて作られたものであることがわかるであろう。なぜ信長は、平面ではなく塔にしたのか。問題は各階各部屋の画題である。もう一度ここで各階の部屋の画題を見てみよう。

まず二重目には「墨絵に梅の絵」、「遠寺晩鐘の景気」（水墨画の画題で瀟湘《しょうしょう》八景のひとつ）、「鳩の御絵」、「鵞の間」、「雉の子を愛する所」、「唐の儒者」という画題が認められる。

墨絵は水墨画でありふつう禅宗系寺院に好んで用いられる。画題についてもいわゆる唐様《からよう》である。

三重目には「花鳥の御絵」、「賢人の間」（『論語』にある伯夷《はくい》と叔斉《しゆくせい》のことで周が殷《いん》を滅ぼして天下をとり首陽山にかくれて天下をとった故事による）、「ひょうたんより駒の出でたる所」（唐の方士《ほうし》張果《ちようか》が、破胡盧《やぶれころ》をふまえ紙をもって白驢とした故事）、「麝香の間」（麝香鹿《じやこうじか》の画題）、「呂洞賓という仙人」（唐の仙人）、「ふゑつ」（殷の高祖の宰相で死して後天に上り星になったとされる人物）、「駒の牧場の絵」（武士家人の風俗画）、「西王母の図」（漢武帝の仙女）が認められる。ここの絵は漢画であり、画題の多くを道教思想の故事から引いている。

四重目には「岩に色々木を遊ばされ岩の間」、「竜虎の戦い」、「竹色か、せられ竹の間」、「松ばかり色々か、せられ松の間」、「桐に鳳凰」、「きよゆう耳をあらへば、そうほ牛を牽いて帰る所」（「許由耳を洗えば巣父牛を牽いて帰る」とは中国の隠者である許由のことで、帝位を譲りたいという尭の願いを聞き汚れたとして潁川《えいせん》に耳をすすいだので、巣父はその水も汚れたといって渉《わた》らなかったという故事である）、「てまりの木」（手鞠桜）、「庭子の景気、鷹の間」が認められる。ここの絵は和画が中心のようである。画題は花鳥と故事なのである。

五重目には絵はない。これじたいも「無」が画題なのかもしれない。

六重目には「釈門十大御弟子」（釈迦の弟子十人）、「尺尊成道御説法の次第」（釈迦が悟りを開き説法するまでの話）、「餓鬼共・鬼共」（六道餓鬼絵《ろくどうがきえ》）、「鯱」・「飛竜」（想像上の生き物）が認められる。ここの画題の中心は仏教画である。

七重目には「上竜・下竜」、「天人御影向図」（神仏の現世来迎）、「三皇・五帝・孔門十哲・商山四皓・七賢」（伏羲《ふっき》・神農・黄帝の三皇、中国の五帝、孔子の弟子十人、漢高祖の四人の賢人、晋代の七人の賢人）が画題として認められる。ここの画題の中心は内裏紫宸殿《だいりししんでん》の南廂高御座背後にもみられる儒教思想である。

このように、各階各部屋に当時存在した絵画の技法や画題を順に配し、思想を持って描かれていることがわかる。もちろんこれは信長の指示であったことに間違いないであろう。儒教・仏教・道教、漢画・和画の唐様の使い分けは、塔による階層がつけられているようにみえる。研究によってはこれらの絵画を、信長が思想として従えその上に立つことを目的としたと理解されている。しかし、はたして本当にそうなのであろうか。これだけの画題で思想を従えたことになるのであろうか。自分の気に入らない目障《めざわ》りな宗教世界を、毎日眺める各階の部屋に描くであろうか。自らが上に立っているということを示すだけで、大切な部屋の隅々までそのような絵で飾るだろうか。

じっくりと画題を考えると、むしろこれはまったく逆ではないかと考えられるのである。実は信長はこれらの思想や故事を実はしっかりと認識していたのではないか。これらは彼によって厳選された画題ではないか。ここは彼の生活の場であり、政治的シンボルである。天主という建物を建築するにあたり、当時、もっとも高名な狩野永徳を呼び寄せて描かせたのである。だからこそ、信長の意志が通った洗練された画題でなければならない。

彼は、当時知ることのできた遥か彼方の地の思想や賢人達に憧れていたのではないであろうか。そういう風に解釈すると、実は彼は武家としての嗜《たしな》みである漢学をしっかりと学んでいた、意外と古典的な人間ではなかったかと考えられる。天主が彼の思想の表現の場であったなら、天主自体が彼の像を示してくれていると考えてもいいのではないであろうか。

天主の研究と復元

安土城といえば天主を指すくらい日本初の高層住宅である五層七階の天主は有名である。しかし、現在はその建物はのこっていない。まぼろしの幻たるゆえんである。あるのは先にも述べた『信長公記』天主の次第が唯一といってもいいくらいである。これまで数多くの人々が、この記事をもとに復元にチャレンジしてきた。しかし、歴史的に信長が建設した天主はひとつである。しかし、いま天主の復元図は二〇は下らないであろう。しかし、二つをのぞいては、復元と言うにはほど遠いものである。

その二つとは、ひとつは内藤昌氏によるものである。いまひとつは、故宮上茂隆氏のものである。両氏はいずれも、建築が専門分野であり、建築学的に考証されて図面が引かれている点に他との大きな違いがある。特に内藤氏はセビリア万博にその最上階を実際に実物大で復元された。建築復元であるという意味ではどちらも現地に建てることが可能である。しかし、実際には違う安土城が二つあっては困るのである。この点については、信長が狩野永徳に描かせてバチカンに送った屏風が発見されれば解決するであろう。しかし、残念ながら、現在その屏風の行方はしれない。

さて、これ以外のあまたある天主の復元図はすべてイラストや想像図であり復元ではない。これらは外観をそれらしく描いたにしかすぎず、建築など到底出来ない代物なのである。それらはすべて内部構造を全く無視しているからである。そういう意味でこれは復元とは認められない。

天主の復元研究については残念ながらこれが現状である。したがって、その真実の姿は今もって闇の中であると言わざるをえないかもしれない。ここが安土城の幻たる所以であろう。

天主を考古学として扱うことも、難かしい。無いものを復元することと同じようにとても難しいからである。しかしながら、いまも現地にのこる天主台には、「安土山天主」が建っていたことは間違いがないわけであり、そういう意味においては歴史的事実を判断する材料はまだ現地にのこされている。天主台は建物の基礎となる部分であるが、上部構造ほど重要視されていない。しかし、城郭そのものの成り立ちや築城者の意識を窺い知る城郭史研究では、わずかにのこされた建造物以上にとても貴重な資料がのこされていることがある。天主の置かれた位置や規模や、それらの理解から城郭の性格や成立の過程がわかるからである。しかし、それにはまず現況を十分に捉えることが必要であろう。精度の高い考古学の図面を利用し、発見された遺構の理解を取り入れて現況との十分な相互理解を行うことによって、新たな天主像が浮かびあがってくるに違いない。近年進められてきた天主の調査結果は、そのために進められた基礎的作業である。ここで精密に礎石の一つ一つが検証されたのである。現在はこれらの結果から、もう一度、礎石の位置関係や石垣の位置関係などをみなおし、新たな天主復元案の検討をすることができるような段階にきているといえる。五八年ぶりの調査の意義はここにあるのである。

安土城の二面性

このように、さまざまな角度から安土城と信長という人物を再検討していくと、あるひとつのことが浮かび上がってくる。それは発掘調査においても、城のあちらこちらで気付かされた安土城の二面性である。ひとつは信長の居城であり、生活の場であり、政治の場としての部分である。そして、もうひとつは安土城の最大の意義であり問題点となる部分である。

再び謎の道大手道

さて、再び伝大手道《でんおおてみち》である。この大手道は使用されたことを示す記録がないこと、威風堂々とした道構えであること、道の行く先は、黒金門《くろがねもん》ではなく本丸御殿（南殿か）南門に行き着くことを述べた。ほんらい大手道は家臣や来客や城主を含めた日常的な登城道である。しかし、安土城の日常の道は記録でも、ルートとしても山下町《さんげちょう》と直結している百々橋口道《とどばしぐち》だけであることは明白である。この道は摠見寺《そうけんじ》を通り抜けなければ山頂に至らない構造になっている。これまで城の正門であり、だからこそ構造上もっとも進化した桝形虎口《ますがたこぐち》が採用されていたとされてきた黒金門は、実は大手道とは直結していなかった。黒金門は本丸の外帯郭《おびくるわ》に入るための門であった。この門をくぐっても、本丸西の虎口と城の裏にまわり込み北虎口から搦手口《からめてぐち》にでるための空間があるだけであった。

このように城の構造と記録からみると、山下町に住む家臣たちは百々橋口から登城したことしか考えられない。二丸にも本丸を迂回して通ったことであろう。そういう意味では黒金門と搦手門が同じ形態の門であることは理解ができるところである。

ところが、それに反して本丸南の虎口だけは虎口と門の形態が違っていた。これはその使い方が違うことを示している。つまり、桝形虎口は城郭の門、城門である。ある意味、武家のための門である。

もしも信長がいる本丸に天皇が行幸した場合はどこを通るのであろうかと考えると、武家と同じ道を通ることは否である。天皇が立ち寄る場所では、寺院などでも必ず天皇用の門は別にあり、そこから入るからである。その門は普段は開かずの門である。そういう意味では南殿（本丸御殿）に直結している本丸南門こそが天皇がくぐるべき門ではないであろうか。だからこそ、家臣や山下町の住人はここをくぐることはできないし、使用を示す記録が認められないのである。そうすると、記録にない大手道こそが天皇が登るべき道なのである。おそらく天皇が輿《こし》で登るため広い道幅が必要であったと考えられるのである。

大手道が天皇が行幸したときに登るべき道であったとしたら、道が南正面にあり上洛道が直結していることもうなずけるのである。そうすると大手門は天皇がくぐるべきはずだった門として理解できるであろう。

大手門の意義

平成五年（一九九三）の発掘調査では門の位置を両側から仕切る石塁が発見されている。門の位置は明確であるが、門礎石は現在も道路として利用されているため破壊されて発見されていない。整備のための建築復元では櫓門《やぐらもん》として復元されている。しかし、本丸虎口でも述べたとおり、もしこの門が天皇がくぐる門であれば櫓門はまずいのである。櫓門は城郭の門、武家の門であり天皇にはふさわしくない。天皇に対してもっともふさわしい門は、秀吉が聚楽第《じゅらくだい》でつくったような金飾りで飾られた扉に菊と桐紋のある唐門《からもん》（高麗門《こうらいもん》）である。おそらく、両袖《りょうそで》の石塁は低い塀か土饅頭《どまんじゅう》が似つかわしいかもしれない。

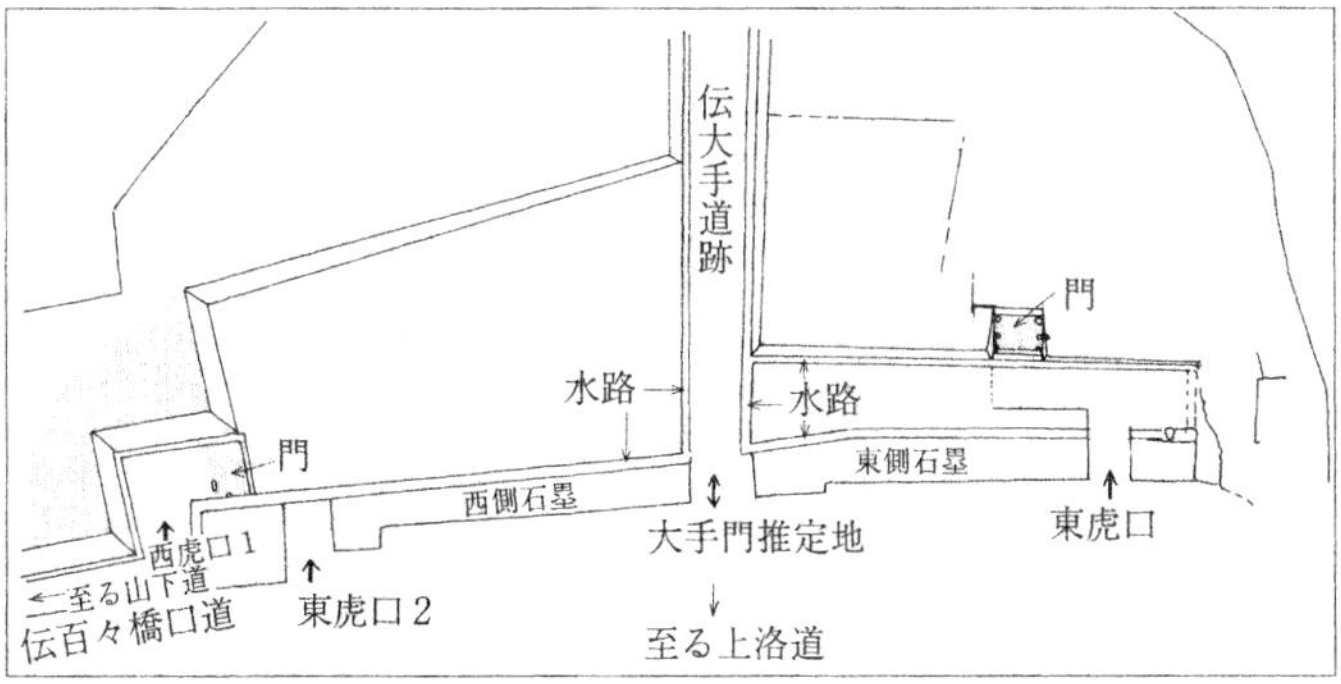

図37　大手門周辺平面図（平成14年度現地説明会資料より）

そうすると、大手門は開かずの門に近くなる。ひょっとすると場合によっては信長自身もくぐれないかもしれない。中国の紫禁城《しきんじょう》では、南正面の中央の道を皇帝が通るとして道や階段が決められていた。しかも輿《こし》でしかその上を通らない。文官や武官は別の決められた道しか歩けない。

平成十三年の発掘調査は驚くべきことを伝えた。大手門の西側の石塁の西橋から桝形虎口が発見されたというのである。門前には道が続いており、百々橋口と道で繋がっていたのである。このことは、絵図にも記録にも認められない新知見であった。桝形虎口は城の虎口、武家の門であることを本丸のところで述べたとおりである。発表では建築復元として高麗門と渡櫓《わたりやぐら》がこのような近世城郭桝形の発生とし て発表されたが、発掘ではいずれの門の礎石も発見されていない。門の位置はまったく不明である。構造と時期的から見て門は一つしかないのではないかと城郭研究から批判がされているところである。いずれにしても、門が一つか二つということ以上に桝形虎口が正門の脇にあるということが大切なことである。これこそが、家臣たち武家が通れる脇門と理解できるからである。

さらに、驚くべきことに平成十四年大手門の東側の発掘調査でも、虎口が見つかったのである。この虎口は石塁部で桝形をとっていず、石塁部（門がない）と正面の郭の虎口（門がある）階段との食い違いで桝形を形成しているものである。西とは形態が少し異なっていた。同じく桝形を構成しているが、大手門とは形態がやはり違うことが重要である。ぴったりとは一致していないが、大手道をはさんで、シンメトリックに意識してつくられていることには間違いがないであろう。特に東の虎口内には大きな郭が発見されている。ここの石垣は立石をしようとするなど特異な郭であり、何の施設なのかも大きな問題であろう。大手門門脇の施設としては秀吉以降、門を守るための主将としてもっとも勇猛果敢な武将があてがわれるのが近世的であるが、はたして安土では、信長はどうであったのであろうか。

安土城の二面性

これまで長々とさまざまな方向から、城の構造を眺めてきた。これら近年の発掘の成果によって、そこから見えてくる安土城の姿は、安土城のつくりのすべてが天皇を迎えるために用意されたものであるといえるかのようである。本来、居城は城主のものであり、城主が寝食をし政務を執る場所である。安土城での信長はその荘厳さに飽きるほど浸る暇もなく、はかないほど短い日時しか生活していないが、間違いなく岐阜の本拠地を長男信忠に与えてからは安土が彼の住まいであった。安土山《あづちやま》の第一義的な目的は、信長の住まいであり、政治の場であったのである。

しかし、信長の意図は、当初から他にあったのではないかと思われる。さまざまな事象がそれを示してくれている。これこそが安土城の二面性が生まれる原因、それは天皇の行幸である。これまで考察してきた安土山の姿の至るところに、それを示してくれている。たとえば、大手道の位置とルート、そして門構え。天皇の間・御幸の間のある御殿。菊紋や桐紋の瓦で葺かれた建物。これらは、けっして行幸が決まってからつくられたのではない。天正四年（一五七六）の段階で築城がはじまり、天正七年の完成時にはそれらのすべてが完成し、家臣や国衆にお披露目されている点からみてもそれは建物の完成であり、信長の意識の完成であった。信長の政治は完成に近づいていた。天皇を行幸させることにより自分もこれで足利幕府と肩を並べたことになるのである。

安土の城は、当初から天皇の行幸を最終目的につくられた城郭と理解するのが正しいのではないだろうか。本丸の建物は練りに練った、考えに考え抜かれた構造と配置をもった建物であったに違いない。それでは、信長の最期を語る前に、安土への天皇行幸の意味について考えてみたい。

御幸の間

『信長公記』には、はっきりと「天皇の間」、「御幸《みゆき》の御間」という言葉が認められる。この部屋は、天皇だけのための部屋であり、御座である。おそらく、この部屋の前には御簾《みす》がかかり、天蓋の付いた高御座《たかみくら》が設置されていたに相違ない。すなわちこれが信長は安土城に天皇を行幸させることを前提にして建造していたという動かぬ証拠となるのである。

ではなぜ信長は安土城に天皇を迎えようとしたのであろうか。天皇の行幸は古くは古代から数多く見られる行為である。室町時代には将軍の屋敷に行幸した例も認められる。室町幕府三代将軍足利義満《あしかがよしみつ》や六代将軍義教《よしのり》、八代将軍義政《よしまさ》などがこれにあたる。彼らは室町御所や北山第《きたやまてい》の将軍の自宅に天皇を迎えた。迎えるにあたっては、建物を丸ごと新調している。しかも建物は一度きりしか使わず、行幸後は解体され寺社などに払い下げられるのが普通である。

信長はその死により果たせなかったが、信長以後としては、豊臣秀吉が聚楽第《じゅらくだい》に後陽成《ごようぜい》天皇を迎えている。これについては『フロイス日本史』にもその記述がみえ、もとは大坂城の自分の屋敷に行幸させようとしたが町衆《まちしゅう》に強固に反対されたため、新たに聚楽第を建設して迎えたということである。また、徳川時代には家光が後水尾《ごみずのお》天皇を二条城に迎えている。このときもわざわざ行幸用に御殿を新調している。このように武家社会ではその権威と権力の象徴として天皇を自分の屋敷に招くことは、政治的にも個人的にも必要な行為だったのである。したがって、安土城の「天皇の間」「御幸の御間」を解く鍵はここにあると考えられる。その答えのひとつとして鍵は信長のあらゆる行為の追従を行った秀吉に認められる。当然、秀吉自身も信長が安土城に天皇を迎えようとして行幸御殿を建造していたことも完成していたことも知っていたはずである。そして、秀吉は聚楽第という姿でそれを実現しているのである。そういう意味では今は知るよしもないが、聚楽第の内部構造は安土城の「天皇の間」「御幸の御間」に酷似しているかもしれない。彼は行幸にあたり、馬揃えを行い、聚楽第までの通りの家臣の屋敷の屋根をすべて金箔瓦で葺かせた。これはまるで信馬の馬揃えと安土城の大手道の姿とまったく同じである。その後の徳川家の行幸といい、やはり時の権力者にとって天皇の行幸は最大の関心事だったのである。しかし、結局は明智の謀反よる本能寺の変に天皇の行幸はかなうことはなく、御殿も行幸の間の使用されることもなく焼失してしまうのである。

信長の官位叙任

では、なぜ信長は天皇を安土城に呼ぼうとしたのであろうか。信長は天皇をもおそれない鬼神ではなかったのか。

それを考えるには少し時間を遡《さかのぼ》らなければならない。信長の京都へのアプローチは、時の将軍足利義昭を助ける形で上洛が実現した永禄十一年（一五六八）にはじまった。その前後から朝廷との接触もはじまっている。もともと信長は信仰が厚く、有職故実《ゆうそくこじつ》にも気配りができた人間で、何度も寺社や禁裏御所の修理を行っている。それくらい資金的援助も惜しまず、朝廷の側の人間であったのである。そういう見方からすると、けっして天皇家や禁裏に対して非礼を行うということはなかったのである。宗教に対する弾圧においても同じであるが、信長が圧力をかけるときは道理に合わない場合、道を外れている場合、信長を敵視するときだけである。奈良時代以降、天皇は自身で自立して政治を行うことはない。おおよそ天皇に任命された者が政権を担い、彼らはあくまで天皇の臣下として働く。したがってどちらかというと象徴的権力として力があり、実力という意味では時の権力者が最高であることは言うまでもない。

永禄（一五五八〜七〇）段階ではすでに天皇にとって足利幕府よりははるかに信長の方が頼りになる次期政権の担い手だったのである。

確かに信長が本当に何を考えていたのかは現在の我々にとっては闇の中であるが、信長側から見れば、少なくとも自身が掲げる天下統一のなかで天皇という存在ははっきりと認識できるものであり、天下を統一した暁には天皇の存在などは意図もたやすく否定できるものであったろう。

しかし、はたして本当にそうなのであろうか。彼が混沌とした中世という時代に終焉《しゅうえん》を告げようとしたことだけは安土城の築城のすべてから判断しても理解ができる。その安土に天皇を迎えようと考えていたのである。そんな彼に天皇を否定する考えがあったのであろうか。実は微塵もなかったのではないのであろうか。

信長が朝廷から遣わされる数々の官位を辞退していることも一方では不気味な事実だろうとして認識され、これまで取り上げられてきた。しかし、この官位叙任に対しても完璧に排除しているわけではない。自ら「上総介《かずさのすけ》」や「尾張守」「弾正忠」「内大臣」「従三位権大納言兼右近衛大将」「右大臣」を名乗っていた時代もあり、それにより出世してきているのである。また、家臣にも「筑前守」「日向守」を叙任したりしている事実も多々うかがえる。天皇からの官位の叙任は認めてもいるし受けてもいるのである。しかし、最後になって、天正六年（一五七八）四月九日に信長は官職を辞する。なぜなのか。

ひとつは信長は、以下三つの官職に着目していたのではないかといわれている。それは関白《かんぱく》・太政大臣《だじょうだいじん》・征夷大将軍《せいいたいしょうぐん》である。この三つのうちから何を選択するのか。この問題が近年の文献史学の研究においても重要な点として、この問いに対する答えも秀吉が握っていると考えられている。征夷大将軍はまだ足利氏がその地位にあり、代々源氏の一族が就任していたもので平氏の信長が就任するのは難しい。征夷大将軍でなくとも天下布武《てんかふぶ》は目前である。文献史学の研究からは現在もっとも有力な説は、太政大臣だと言われている。しかし、あえて私は後に秀吉が所望した公家の最高位である関白ではないかと考えている。これは従来摂関家以外は任じられない官位であり、信長のもっとも嫌う公家の最高峰の官位ではあるが、次期天皇の即位ともあいまって、あえてこの職を選ぼうとしたのではないであろうか。彼らしくないであろうか。信長の未来は秀吉がすべての鍵を握っているとする観点に立てばということであるが。信長は行幸直前にどの官位を叙任するかを考えながら、そして、安土の行幸御殿の完成を待っていたのではないであろうか。

信長の意識のなかに最高位の権力構想があるとすれば、天皇の行幸は頂点に上り詰めたというセレモニーの終着点だったのではないかと考える。

なぜ行幸を

これまでの信長像の多くは、神も恐れぬ像として描かれ続けてきた。そういう人々にとっては天皇と信長との対立や天皇の排除という行為こそが最大の論点であった。しかし、安土城に用意された建物やそこに至る城全体の構造じたいがまずはそれが間違いであることを物語った。信長は鄭重に天皇を迎えるために入念に準備を進めていたのである。その姿は天皇の家臣以外のなにものでもないであろう。

その前哨として信長は、天正九年（一五八一）二月に天皇を迎え京都で大々的に馬揃えを行っている。これ自身も天皇に対する威圧と考える向きもあるようであるが、信長軍団が勢揃いの大行列じたいもけっして示威行動ではなく天皇にする臣下の礼としてとらえてはどうであろうか。軍隊の閲兵とはいつもそうした意識で行われるものではなかったか。秀吉も聚楽第で同じことを行っている。信長の武力と意志をもってすればこんな示威行動など何の必要もなく、何の役にもたたないものである。その気になれば天皇を廃し、その上に君臨することなど、いとも容易なことと考えられるからである。

文献史学の研究では、安土行幸は、正親町《おおぎまち》天皇の行幸ではなく譲位と新天皇である誠仁親王《さねひとしんのう》の行幸を仰ぐためであったと考えられている。正親町天皇であれ、後陽成《ごようぜい》天皇であれ、信長の叙任のためであれ、信長の政治の完成形態は天皇家排除ではなく尊厳を持った天皇家の事実上の支配だったのであろう。おそらく安土行幸は信長の天下布武の集大成だったのではないであろうか。できれば、四国を落とし、九州を落とし、東北を落とし、日の本に敵なしの状態で、最高位につき天皇の行幸を仰ぎたかったに違いない。

ついでに想像をたくましくすると、安土行幸は行幸である以上、一時的に使用する場所であったと考える。その後、御殿の建物は解体され、のこった城は織田家の居城として使用されたことであろう。したがって、いずれ三法師が岐阜城に入り、信忠が安土城に入り、そして……信長は……大坂城へ……。そして、渡海し、大陸へ。これはあくまで夢のまた夢であるが、秀吉は信長の夢の実現者のような気がしてならない。

信長の最期

これまでも信長の反対勢力には事欠かなかったが、信長の行動をよく思っていなかった人間がいたことだけは、最後まで間違いがない。近年、明智光秀の行動は決して単独犯ではないと言われている。むしろその背後で暗躍する人々こそが真犯人で、下心はあったにしろ彼は単なる忠実な実行者であり、陪臣《ばいしん》であったのであろう。黒幕は天皇の取り巻きであり自在に世の中を操り、暗躍していた一部の公家たちであったのではないかと考える。いずれ自分たちの上に立ち、自分たちの思うままにできない時代が到達することをもっとも恐れていたのではないであろうか。そしてその恐れと怒りが信長へ着々と向けられていたような気がする。

天正十年（一五八二）四月二十五日、勧修寺晴豊《かじゅうじはるとよ》が所司代村井貞勝の屋敷を訪れた。それは信長を太政大臣、関白、征夷大将軍かのいずれかの職につけるためであった。そして、安土へ使者をおくることを決定する。使者は五月三日に天皇と誠仁親王の手紙を携え出発する。翌四日、安土に到着した。そして六日に信長と面会する。それに対して信長がどう答えたかは永遠の謎となっている。そして、信長はこの世を去った。信長はどう意思表示したのであろうか、それが信長の死にかかわっていたのかどうか。これも永遠の謎である。

天皇を安土に迎えようとしていた、迎えるために作られた安土城の姿を考えると、信長との面会は決裂ではなくそこですべてが決定されたのでないかと私はそう理解したい。したがって、信長の殺害のシナリオを書きボタンを押したのはその結果を聞いた人々ではなかったのか。それを実行に移されたくなかった一派ではないかと考えている。やはり彼が選んだ官位は彼らが考えていた官位とは違っていたのであろう。

このように、安土城の存在は歴史を考えるうえにおいて、とても深く大きな意義のあるものなのである。安土城の新たなる発見と研究の進展こそが、より明確な歴史の答えを与えてくれることであろう。

信長から秀吉へ、そして家康へ

信長の築城政策

安土城に代表される信長の築城のあり方は、自らの権力の象徴という点に集約されるであろう。彼は当時容易に手に入れられなかった技術を武力という行為で中世という時代から解放した。その集大成として築かれたのが安土城だった。しかし、ある意味その技術はあくまでも当時存在したものの集約でしかなく時代を超越するようなものではなかったのである。もし、安土城の天主が西洋の城のような煉瓦づくりの塔に変わっていたり、アーチ式の石垣が用いられていたりしていたら、さぞかしわれわれは信長の特異性や先進性にもっと驚いたに違いない。しかし、彼が行ったことはせいぜい、建物の階数を増やしたり瓦の模様を変えたり金箔を張ったり、寺院の建物や持ち物を城に持ち込んだけのことであった。

それでも、新しい時代の到来という意味では当時のインパクトとしては十分だったことであろう。それは、意識改革であり、構造改革であり、組織改革であり、技術革新であった。そういう意味では信長は実は堅実な物の考え方のうえに、未来を見据えて判断できる力が備わっていたのではないかと考えられる。自分自身の夢と世界を実現するために想像し創作しそして努力したのである。ただ、そのために城を象徴的に扱おうとしたことは事実であろう。血縁の城には安土城と同じ金箔瓦を葺き、家臣の城にも重要な拠点城には信長の勢力が及んでいることを示す瓦を葺く。そういう意味では、城は個人の物ではなく、信長勢力の象徴として位置づけられていたからである。それらを扱う武将についても実力のある者だけが実力以上に登用されていく姿には、能力主義の厳しさが感じられるのである。信長にとっての城づくりは城という形を利用した信長の意識のなかにある「人による人の支配」といっても過言ではないであろう。

秀吉の築城政策

信長の死後、実権を握った秀吉はさまざまな政策をうっていく。日本全国に自らの家臣を配置し、石垣づくりで天守を持ち、屋根の上に鯱瓦《しゃちがわら》が乗る城を築かせる。また、金箔瓦《きんぱくがわら》を葺《ふ》かせたり、菊紋・桐紋瓦を葺かせたりもしている。さも、信長の安土城を全国に造るかのように、日本中を信長が考え出した城で埋め尽くしていくのである。

しかし、根本的に信長と違うことは秀吉は城をはじめとするあらゆる物を覇権《はけん》の道具として考えていたところにある。ひとつひとつのものにランクを付け、そして家臣にもランクを付けていく。物を分け与えるという行為で人とのつながりをつくり臣従関係を結んでいくという方法である。その究極が位階叙任《いかいじょにん》にある。城主には従五位下以上になれば城に金箔瓦を城に葺くことが許され桐紋が下賜される。豊臣や羽柴姓をたまわり、はては陣羽織から旗印、茶道具までと果てしない物質の嵐である。

これまで秀吉段階でいろいろなことが変化していくと考えられていた。物の変化は秀吉段階で開花すると考えることが可能であった。しかし、安土城の研究がすすむにつれて、何一つ秀吉の発案によるものでないことがわかる。猿まねとはいわないが、秀吉はまるで信長の実現できなかったことを具現化するために必死になっているような気すらするのである。おそらく、そう考えると行幸も渡海も信長の生前の夢だったのかもしれないのである。

信長は尾張の一地方の城代の息子とはいえ武家の出である。それに引き替え秀吉は苦労して農民から権力者として成り上がってきた。武家としての素地のある信長と、武家や公家のなかで必死に生きていこうとする秀吉との根本的な差は、このような意識の差として現れているかもしれない。秀吉は必死に物の価値で人とのつながりを作ろうとしたのである。信長の築城政策を「人による支配」とするならば、秀吉の築城政策はまさしく「物による人の支配」といえるであろう。

家康の築城政策

ついでに述べるなら、家康の城づくりは、そのような道具をまったく必要としなかった政策だといえるであろう。家康も信長の行動を知り、見てきたうちのひとりである。しかし、信長の後を追うこともなく、秀吉のまねをすることもなかった。秀吉の死後、彼は政権を握り江戸幕府の礎を築き上げた。なぜか家康の築城にきらびやかさはまったくうかがえない。それは機能に徹しているがごとくである。近年の発掘調査でようやく若干の石垣が認められるようになってきたが、金箔瓦など人に対して媒介させる物はまったく無用の長物のようである。当初から土で城をつくるという伝統的な手法にまるで固執するかのような城づくりをしていた。

近世的な城郭がつくられるようになってからも、江戸幕府は戦闘を主軸に置いた城づくりというよりは城下町治世のシンボルとして扱われるようになる。城主には築城よりも治世に力を注がせるのである。しかも、システムのなかに組み込むようにして、それはまるで本社と支店に派遣される社員や社長のようである。家康にとってもっとも大切だったのは治世だったのである。安定した徳川三〇〇年という時代を維持していくことのできたのは、個人的に突出した人の力でもなく、物でもなく、きっちりとしたバランスのとれたシステムだったのである。それは「組織による支配」とでもいえるものであろう。

このように、信長にはじまる築城政策は後世まで色濃く影響を残し時代とともに脈々と変遷していくのである。

信長の夢・信長の世界

突然信長の身に降ってわいた本能寺《ほんのうじ》の変《へん》は、「信長の夢」を砕き「信長の世界」を未完に終わらせてしまった。確かに、秀吉は信長の跡を継ぎ、意志を継いだ行動を取っているように見える。しかし、秀吉とともに花開いた「信長の世界」の発展形態はそれが正しいものであったかどうかは、信長自身もわれわれも知る由がない。確かに「秀吉の世界」も城好きな私達を魅了していることには間違いがないところである。織田と豊臣がセットで考えられ「織豊《しょくほう》」という言葉が使われることも城郭研究からみれば多々うなずける点がある。

それでも信長と秀吉どちらが好きかといえば、圧倒的に信長のファンが多いことは事実であろう。その理由は信長の人間性にあるからであろう。その生き様にその心に、熱きものを感じるからに違いない。その結果、たくさんの人々によって信長が語られることになったのである。しかし、近年は片寄った信長像が築かれつつあることもまた事実である。ここで語った、今知ることのできる最高の姿である安土城と歴史的物証から見た信長像もその一つである。ここで考えられた信長像は意外と人間性にあふれ、伝統を重んじながらも新しい時代を見つめ、改良・改革、実行と行動と魅力あふれる「人」としての信長ではないかと思う。そして、これがもっとも新しい信長像ではないかと考えている。

信長の夢が結集している安土城についても同じである。これまで安土城の姿は、ごく一部しか見つめられていなかったり、一部の人たちにより好きに創作されて語られていたこともまた事実である。少しずつではあるがここ一〇年で明らかになった事実は、これまで誰も想像だにできなかった、誰も知ることのなかった安土城の姿であったはずである。信長の創造性は恐るべきものがある。われわれの想像、想定は簡単に裏切られている。それは実は当時の人々にとっては簡単であり、単にわれわれの知がいたらないだけなのかもしれない。

われわれは、信長に対しても安土城に対しても、まだまだ一足飛びな華麗な答えは持ち合わせることはできない。歴史自身もそれを簡単には望んではいないことであろう。ここで考えたことも真実への一歩にすぎないかもしれない。信長が実現したかった夢と世界ははたしてどんな姿だったのか。信長とわれわれの知恵比べはこれからもまだまだ続いていくのである。

あとがき

織田信長や安土城に関する本は、これまでたくさん出版されてきた。しかし、その中には誤った物の扱いや考え方、想像だけで構成されているものも少なくない。そうならざるをえないのは当時の資料が少なく、また限られた部分の資料しか残されていないからである。

歴史再構成の最も中心的役割を果たしているのは、もちろん文献史学であるが、文献で残されているものは、当事者たちの交わす公文書や手紙、日記、伝記が主であり、いずれも必要最小限の政治的な指示事項や状況を示すもの、簡潔な出来事の羅列や、恣意的《しいてき》な物語など文字による世界がその中心となる。写真やビデオのようなリアリティに富んだものをそこから導き出すことは難しい。それを補完すべき学問として、物を扱う考古学がある。考古学では大地に残された遺構（不動産）、地中に残された遺物（動産）から、それらを製作し残した人類の意識と行動を読み取ろうとするものである。しかし、これとて実際に当時の生き生きとした姿を再現することはなかなか難しい。なぜなら、発見される物は放棄された最後の姿だからである。しかも、発掘調査は一度きりしか行えない破壊行為でもある。これらの結果を早急に求めるばかりに(一四年間でなされた調査のペースでも、安土城全体の調査を実施するのに二〇〇年かかるという計算がなされている。滋賀県が実施した発掘調査は最小限で最大限の成果があがる規模でしか行われていない)、消化不良のまま安土城そのものが消滅してしまう危険性もあるからである。しかしながら、文献と考古学の融合は、各地で大きな成果をもたらせつつあることは事実でもある。

私は一四年間、安土城の発掘調査と研究に考古学の専門職として携《たずさ》わってきた。調査に携わる以前は、いち城郭マニアとして信長や安土城に思いをはせていたが、歴史の再構成のための学問研究ではそうはいかない。先入観にとらわれず、発見された物から、発見された物の持つ意味を理解し位置づけていかなければならないからである。たとえそれが、物語とは違う地味な位置づけでも真実に従うしかないのである。しかも、わからないことはわからないとし、新たな資料が得られるまで待ち続けなければならない。その作業は犯人を追いつめる刑事のごとくである。しかし、これまで正しいとされていたことが、全く理解の誤りであったり、事実を勝手にねじ曲げて知らなかっただけのことであることがわかったときは、絡《から》んだ糸がほどけるようにそこから全く新しい世界が開ける。たとえば、大手道の調査からは、ルートと規模が明らかになり従来の道のルートに誤りがあることがわかり、大手門や大手道の性格自身の見直しが求められた。麓の屋敷の調査からは、屋敷の建物構成が明らかになったが、家臣団屋敷とする伝承に疑問が投げかけられた。また、天主・本丸の調査では、詳細な石垣の位置や礎石の配置から、これまで出されていた復元案にいくつもの疑問点が投げかけられた。さらにこれらのことは、歴史の中での従来の信長自身の役割や位置づけをも再検討させる結果となっている。このように平成になってから実施された発掘調査は意義深いものであった。

日頃は発見された事実関係の報告に終始していたものを、本書では、そこから一歩踏み込んで一四年間の安土城への思いを、新たなる理解と新たなる歴史の再構成への視点を織り込んで言及した。そういう意味では、これまでの織田信長像や安土城のイメージと異なる部分が多いかもしれない。また、疑問点は疑問点として残し、現物がなく復元不可能な建築物は不明とし、今後の研究にゆだねる歯切れが悪い部分も多くあるが、学問の境を明確にするためである。ご理解いただければと思う。

最後に、これまで研究を続けてこられたのは、調査の開始時から、僧として人として、時には厳しく時には暖かく私を迎えていただいた安土城の現所有者である妙心寺派摠見寺と雪丸令敏《ゆきまるれいびん》・鈴木法音《すずきほうおん》両御住職のおかげであった。こころから感謝の念を表したい。また、公私にかかわらず指導していただいた文化庁記念物課担当官や常にお互いを学問的に刺激し合っている織豊期城郭研究会の皆様方にも感謝して結びとしたい。

二〇〇三年九月

木戸雅寿

参考文献

斎木一馬ほか『兼見卿記』(『続群書類従完成会』)一九六一年
奥野高広・岩沢原彦校注『信長公記』(「角川日本古典文庫」)、一九八一年
松田毅一・川崎桃太郎訳『フロイス「日本史」』中央公論社、一九八一年
柳谷武夫編『新異国叢書　イエズス会日本年報』雄松堂出版、一九六九年
〃『イエズス会日本通信士』上・下、雄松堂出版、一九六八年
滋　賀　県「安土城趾」『滋賀県史蹟調査報告』一一、一九四二年
滋賀県教育委員会『特別史跡安土城跡修理報告書』一、一九六六年
滋賀県教育委員会『特別史跡安土城跡発掘調査報告』一～一三
滋賀県教育委員会『特別史跡安土城跡整備工事概要報告書』Ⅰ～Ⅷ
朝尾直弘『天下統一』(「大系日本の歴史」八)、小学館、一九八八年
『安土城障壁画復元展』日本経済新聞社、一九九三年
今谷　明『信長と天皇』講談社学術文庫、講談社、一九九二年
立花京子『信長権力と朝廷』岩田書院、二〇〇〇年
内藤　昌『復元　安土城』講談社選書メチエ、講談社、一九九四年

加藤理文「金箔瓦使用城郭からみた信長・秀吉の城郭政策」(『織豊城郭』二)、一九九五年

木戸雅寿「特別史跡安土城跡発掘調査報告」(『日本歴史』五〇八)、一九九〇年

〃「安土城跡における考古学的調査の成果」(『考古学ジャーナル』三五三)、一九九二年

〃「安土城跡発掘調査の成果と今後の課題」(『日本史研究』三六九)、一九九三年

〃「安土城出土の瓦について―その系譜と織豊政権における築城政策の一端―」(『織豊城郭』一)、一九九四年

〃「織豊期城郭にみられる桐紋瓦・菊紋瓦について」(『織豊城郭』二)、一九九五年

〃「石垣構築順序から見た安土城の普請について」(『滋賀県安土城郭調査研究所紀要』四)、一九九六年

〃「寺院の瓦から城郭の瓦へ」(『帝京大学山梨文化財研究所研究報告』八)、一九九七年

〃「近年石垣事情―考古学的石垣研究を目指して―」(『織豊城郭』四)、一九九七年

〃「発掘が証す大手道」(『天下布武への道　信長の城と戦略』)成美堂出版、一九九七年

〃「安土城惣構の概念について㈠」(『滋賀県安土城郭調査研究所紀要』五)、一九九七年

〃「安土城惣構の概念について㈡」(『滋賀県安土城郭調査研究所紀要』六)、一九九八年

〃「安土城の天主台と本丸をめぐって」(『織豊城郭』五)、一九九八年

〃「道・虎口・門とその空間構造について―安土城の場合―」(『織豊城郭』六)、一九九九年

〃「安土城が語る信長の世界」(『駿府城をめぐる考古学』静岡考古学会)、一九九九年

〃「よみがえる安土城」(『天下統一と城』展図録)、二〇〇〇年

〃「『信長公記』にみる琵琶湖と信長」（『滋賀県安土城郭調査研究所紀要』七）、二〇〇〇年
〃「近江における織豊期城郭の礎石立建物について」（『織豊城郭』八）、二〇〇一年
〃「伝前田利家邸の縄張り構造と安土城の虎口」（『特別史跡安土城跡整備工事概要報告Ⅷ』）、二〇〇一年
〃「伝羽柴秀吉邸跡と伝前田利家邸跡」（『前田利家の武勇と戦略』）、成美堂出版、二〇〇一年
〃「安土城が語る信長の世界」（『天下統一と城』）、塙書房、二〇〇二年
〃「出土瓦の刻印・線刻からみた安土城の瓦工人について」（『滋賀県安土城郭調査研究所紀要』八）、二〇〇二年
〃「秀吉時代の近江―その築城をめぐって―」（『西田弘先生米寿記念論集近江の考古と歴史』）、真陽社、二〇〇二年
中井　均「湖の城の城郭網」『近江の城』、サンライズ出版、一九九七年
〃「織豊系城郭の特質について―石垣・瓦・礎石建物―」（『織豊城郭』創刊号）、一九九四年
中村博司「唐人元一官」考（『藤澤一夫先生卒寿記念論文集』）、論文刊行会、二〇〇二年
松下　浩「近代における安土山の保存活動―安土保勝会をめぐって―」（『滋賀県安土城郭調査研究所紀要』三）、一九九五年
〃「蒲生郡安土城古城図」（『滋賀県安土城郭調査研究所紀要』一）、一九九五年
〃「信長の神格化」（『滋賀県安土城郭調査研究所紀要』三）、一九九五年

著者紹介

一九五八年、兵庫県に生まれる
一九八二年、奈良大学文学部史学科卒業
現在、財団法人滋賀県文化財保護協会技術主任

主要論文
特別史跡安土城跡発掘調査報告（『日本歴史』五〇八）　安土城跡発掘調査の成果と今後の課題（『日本史研究』三六九）

歴史文化ライブラリー
167

よみがえる安土城

二〇〇三年（平成十五）十二月一日　第一刷発行

著　者　木《き》戸《ど》雅《まさ》寿《ゆき》

発行者　林　英　男

発行所　株式会社　吉川弘文館
東京都文京区本郷七丁目二番八号
郵便番号一一三—〇〇三三
電話〇三—三八一三—九一五一〈代表〉
振替口座〇〇一〇〇—五—二四四

印刷＝平文社　製本＝ナショナル製本
装幀＝山崎　登

歴史文化ライブラリー

1996.10

刊行のことば

現今の日本および国際社会は、さまざまな面で大変動の時代を迎えておりますが、近づきつつある二十一世紀は人類史の到達点として、物質的な繁栄のみならず文化や自然・社会環境を謳歌できる平和な社会でなければなりません。しかしながら高度成長・技術革新にともなう急激な変貌は「自己本位な刹那主義」の風潮を生みだし、先人が築いてきた歴史や文化に学ぶ余裕もなく、いまだ明るい人類の将来が展望できていないようにも見えます。

このような状況を踏まえ、よりよい二十一世紀社会を築くために、人類誕生から現在に至る「人類の遺産・教訓」としてのあらゆる分野の歴史と文化を「歴史文化ライブラリー」として刊行することといたしました。

小社は、安政四年(一八五七)の創業以来、一貫して歴史学を中心とした専門出版社として書籍を刊行しつづけてまいりました。その経験を生かし、学問成果にもとづいた本叢書を刊行し社会的要請に応えて行きたいと考えております。

現代は、マスメディアが発達した高度情報化社会といわれますが、私どもはあくまでも活字を主体とした出版こそ、ものの本質を考える基礎と信じ、本叢書をとおして社会に訴えてまいりたいと思います。これから生まれでる一冊一冊が、それぞれの読者を知的冒険の旅へと誘い、希望に満ちた人類の未来を構築する糧となれば幸いです。

吉川弘文館

〈オンデマンド版〉
よみがえる安土城

On Demand
歴史文化ライブラリー
167

2019年（令和元）9月1日　発行

著　者　木《き》戸《ど》雅《まさ》寿《ゆき》
発行者　吉川道郎
発行所　株式会社　吉川弘文館
〒113-0033　東京都文京区本郷7丁目2番8号
TEL　03-3813-9151〈代表〉
URL　http://www.yoshikawa-k.co.jp/

印刷・製本　大日本印刷株式会社
装　幀　清水良洋・宮崎萌美

木戸雅寿（1958～）

ISBN978-4-642-75567-2